Freiheit und Weisung

Peter Köster

Freiheit und Weisung

Die Zehn Gebote mit Erläuterungen
für Glaubende und Suchende

Mit Aquarellen von Eberhard Münch

Präsenz

Wahre die Freiheit des Geistes überall
und vor wem auch immer;
scheue niemanden,
sondern halte deinen Geist immer so frei,
dass du auch das Gegenteil tun könntest.
Verliere sie um keines Hindernisses willen.
Niemals lasse darin nach.[1]

Ignatius von Loyola

Ohne moralische Grundlage, ohne Überzeugung,
die mehr ist als Sache der Opportunität,
der Umstände und der erwarteten Vorteile,
kann keine noch so ausgezeichnet
technisch ausgestattete Gesellschaft
menschlich existieren.[2]

Jan Potočka

Vorwort

Der Dekalog (= die Zehn Gebote) ist ein sehr alter Text. Seine Wurzeln reichen bis tief in die altorientalische Rechtskultur. Er hat einen langen Entwicklungsprozess hinter sich und ist unter gesellschaftlichen und kulturellen Bedingungen entstanden, die mit unseren heutigen kaum vergleichbar sind. Nach Erreichen der Endgestalt seines Textes (ca. 4. Jh. v. Chr.) galt der Dekalog dem alttestamentlichen Gottesvolk sechs Jahrhunderte lang als zentrale Offenbarung seines Bundesgottes. Noch viel länger gehörten die Zehn Gebote zur Grundordnung unserer abendländischen jüdisch-christlichen Kultur. Ihre Geltung wird heute weithin bestritten.

In der Glaubensunterweisung wurden die Zehn Gebote oft moralisch-legalistisch missverstanden und in einer Weise vermittelt, als handele es sich hier um zehn Plagen. Aus der Sicht des Neuen Testaments und von seinem Ursprung her ist der Dekalog aber das Dokument einer Befreiungsgeschichte. Sein Verständnis kommt nirgendwo klarer zum Ausdruck als im Eröffnungsvers; „Ich bin Jahwe, dein Gott, der ich dich herausgeführt habe aus Ägypten, aus dem Sklavenhaus" (Dtn 5,6; Ex 20,2). Gott erscheint hier in erster Linie als Befreier, der Israel Recht verschafft und ihm ein Leben in Freiheit ermöglicht. Mit dieser Präambel und mit der Zentrierung des Dekalogs auf das Sabbatgebot hat Israel sich in der Krise des Exils eine Gründungsurkunde gegeben, die über ihren alt-orientalischen

Hintergrund hinausgeht. Die einzelnen Gebote erhalten nun eine andere Zielrichtung, einen neuen Sinn, für den es im ganzen alten Orient keine Entsprechung gibt. Ein Gemeinwesen wird nun nicht mehr auf die Herrschaft des Königs, sondern auf den im Dekalog zusammengefassten Willen Gottes gegründet. Damit wird erstmals im alten Orient die politische Freiheit an den Gotteswillen gebunden, der alle politischen Loyalitätsansprüche relativiert. Auf diesem Fundament stehen „die modernen Menschenrechte, nicht nur als Abwehrrechte gegen den Staat, sondern auch als Verpflichtung zum solidarischen Zusammenhalt in der Gesellschaft“ (Eckart Otto)[3]. Der Dekalog kann also nicht losgelöst von seinem religiösen Ursprung und Kontext verstanden werden. Als Gegenmodell zum altorientalischen Königsrecht will er von aller Untertanenmentalität zu einer Herzensbildung nach dem Willen Gottes befreien. Die Zehn Gebote sind die zehn großen Freiheiten. So erscheint mir der Versuch sinnvoll, ihre ursprüngliche Bedeutung und Zielsetzung erneut ins Bewusstsein zu bringen und über das Zeit-bedingte hinaus einige Hinweise für ihre unverbrauchte Aktualität zu geben.

Zur Illustration der meisten Gebote gibt es in der Bibel sehr eindrucksvolle Geschichten. Ich habe z. T. nicht nur darauf hingewiesen, sondern sie auch ausführlicher erläutert. Mit dieser Art erzählender Theologie hat die Hl. Schrift wichtige Glaubensaussagen dem Herzen und dem Gedächtnis der Menschen tiefer eingeprägt als abstrakte dogmatische Formulierungen. So hoffe ich, dass diese lebensnahen Geschichten auch heutigen Lesern und Leserinnen eine Hilfe sind, die Freiheitsbewegung, die von den Zehn Geboten ausgeht, mit dem Herzen zu erfassen und ihr im eigenen Leben Raum zu geben.

Frankfurt/Main Peter Köster SJ

Einführung

Den Ausdruck „Zehn Gebote“ gibt es in der Heiligen Schrift nicht. Die Bibel spricht von den „zehn *Worten*“ *(aseret ha debarim)*:

„Dann sprach der Herr zu Mose: schreib diese Worte auf! Denn aufgrund dieser Worte schließe ich mit dir und Israel einen Bund. Mose blieb dort beim Herrn vierzig Tage und vierzig Nächte. Er aß kein Brot und trank kein Wasser. Er schrieb die Worte des Bundes, die zehn Worte, *auf Tafeln.“*
(Exodus 34,27)

„Der Herr offenbarte euch seinen Bund, er verpflichtete euch, ihn zu halten: die zehn Worte. *Er schrieb sie auf zwei Steintafeln.“*
(Deuteronomium 4,13)

„Wie bei der ersten Inschrift, schrieb der Herr auf die Tafeln die zehn Worte, *die er am Tag der Versammlung auf dem Berg mitten aus dem Feuer zu euch gesprochen hat“.*
(Deuteronomium 10,4)

Von der griechischen Übersetzung *hoi deka logoi* stammt der Ausdruck Dekalog, der oft für die Zehn Gebote verwendet wird. In unserem Sprachgebrauch ist ein Wort nicht dasselbe wie ein Gebot, mit dem viele Menschen moralische Enge assoziieren. Ich

werde deshalb im Folgenden durchgängig den Ausdruck „*die Zehn Worte*" gebrauchen.
Die Zahl *zehn* ist wohl am ehesten als Symbolzahl für Vollständigkeit zu verstehen. Die biblischen Texte lassen sich jedenfalls nicht eindeutig in zehn unabhängige *Worte* gliedern.

Der Dekalog ist im Buch Exodus, Kap. 20 und im Buch Deuteronomium Kap. 5 überliefert.
Beide Fassungen stimmen im Wesentlichen überein, zeigen aber auch eine Reihe von Unterschieden, vor allem bei der Begründung des *Sabbatwortes*. Die Gemeinsamkeiten und Unterschiede lassen sich am besten erklären, wenn man davon ausgeht, dass Dtn 5 die ältere der beiden Dekalogfassungen ist.
In der Gesamtübersicht des Dekalogs am Ende des Buches sind die Unterschiede kursiv hervorgehoben.

Als Jesus einmal von einem Schriftgelehrten gefragt wurde, welches das erste von allen Geboten sei, antwortete er: Gott als den einzigen Herrn mit Herz und Gemüt, mit allen Kräften des Geistes und der Seele zu lieben. Als zweites fügte er hinzu, seinen Nächsten zu lieben wie sich selbst. Größer als diese beiden sei kein anderes Gebot (Mk 12,28 – 34). Damit führt er die Vielgestaltigkeit der einzelnen Worte auf ihre letzte Mitte und Einheit zurück und macht deutlich, dass es einen Konflikt zwischen Gottesliebe und Menschenliebe nicht gibt. Den Dekalog kann man also aufteilen in *Worte*, die unsere Beziehung zu Gott *(Erste Tafel)*, und solche, die unsere Beziehung zu unseren Mitmenschen *(Zweite Tafel)* betreffen.

Im Zentrum der *Zehn Worte* steht das *Wort* über den Sabbat. Es ist der längste Teil des Textes und für Israel die Quelle seines Lebens mit Gott.

Die Struktur der Zehn Worte

Ich bin der Herr, der dich aus dem Sklavenhaus geführt hat ...

Keine anderen Götter Kein Bildnis (Ihnen nicht dienen)	Der Herr (1. Person)	*Erste Tafel:* Die Beziehung des Menschen zu Gott
Den Namen Gottes nicht missbrauchen *Den Sabbat heiligen* Vater und Mutter ehren	Der Herr (3. Person) und die anderen	
Nicht töten Nicht ehebrechen Nicht stehlen Kein falsches Zeugnis geben Nicht begehren	Die anderen, ohne dass der Herr genannt wird	*Zweite Tafel:* Die Beziehung des Menschen zum Nächsten

Du sollst/du wirst...

Im Hebräischen kann man die Weisung „Du sollst" auch mit „Du wirst" übersetzen. In der zweiten Formulierung kommt der Aufruf Jahwes zur Gewissensbildung deutlicher zum Ausdruck, die einmal gewonnene Freiheit nicht wieder leichtfertig aufs Spiel zu setzen. Die Rabbinen meinen dazu, dass die *Zehn Worte* eher als Verheißungen zu verstehen seien. Das unterstreicht noch einmal, dass der Dekalog nicht legalistisch missverstanden werden darf, sondern als Verheißung für ein Leben in Freiheit und Gerechtigkeit zu gelten hat.

Ich bin der Herr, dein Gott,
der dich herausgeführt hat aus Ägypten,
aus dem Sklavenhaus.

Deuteronomium 5,6
Exodus 20,2

Der Dekalog ist im Kontext einer Befreiungsgeschichte überliefert. Sein Verständnis kommt nirgendwo deutlicher zum Ausdruck als in seinem ersten Satz, der nach jüdischem Verständnis das erste Wort ist: „Ich bin der Herr, dein Gott, der dich herausgeführt hat aus Ägypten, aus dem Sklavenhaus." Wie in einer Präambel wird die Erinnerung an die Befreiung durch Gott aus der Unterdrückung für alle Generationen wach gehalten. Ziel der Befreiung ist, die gewonnene Freiheit in allen Bereichen des Lebens zu verwirklichen und zu entfalten. Die *Zehn Worte* haben die Aufgabe, „der Freiheit eine Form zu geben" (L. Schwienhorst-Schönberger)[4] und vor allem eine Sensibilität für jene Bereiche zu wecken, in denen sie besonders gefährdet ist. Im biblischen Glaubensverständnis gehören also Gott und Freiheit untrennbar zusammen.

Der Dekalog ist primär ein Aufruf zur Gewissensbildung für den Einzelnen und für die Gemeinschaft. Er gilt für Menschen, die Befreiung durch Gott an sich selbst erfahren haben und die diese Freiheit nicht wieder aufs Spiel setzen wollen. Nach der Exoduserzählung wurden die *Zehn Worte* dem Volk Israel erst am Berg Sinai bzw. Horeb gegeben und nicht schon in Ägypten. Im Sklavenhaus Ägypten hätte der Dekalog die Menschen überfordert. Wer nicht die Erfahrung gemacht hat, selbst befreit worden zu sein, kann Freiheit auch nicht schützen.

Der Atem der Freiheit geht durch alle *Zehn Worte*. Der erste Satz ist ein unüberhörbarer Protest gegen alles, was die Würde des Menschen missachtet, was ihn demütigt, entmündigt und unterdrückt. Diese Freiheitsinitiative Gottes hat die Welt verändert. Seit dem Aufbruch Israels in die Freiheit ist diese Bewegung nicht mehr „tot zu kriegen". Der Exodus aus Ägypten macht deutlich, dass wir als Menschen nicht bloßes Objekt der Geschichte sind, auch wenn wir immer „nur Pilger und Anfänger in der Freiheitsgeschichte" sind (J. M. Lochman)[5].

Das öffentliche Wirken Jesu, die Art seines Auftretens steht in der Tradition dieser Freiheitsinitiative Gottes. Hier spricht und handelt einer mit überzeugender Autorität, mit einer Vollmacht und inneren Freiheit, die aus einer tiefen Verbundenheit mit Gott kommt, ganz anders als die Schriftgelehrten (vgl. Mk 1,22). Jesus hat aus einer tiefen Gotteserfahrung (Mk 1,11) und Gottverbundenheit gelebt und das Reich Gottes verkündet, jene Freiheit, die vor allem in seinem Wirken anschaulich wird. Die Evangelien schildern uns einen klarsichtigen, entschiedenen, furchtlosen und – wenn es darauf ankommt – auch kompromisslosen und streitbaren Jesus. Seine Botschaft zielt auf Gewaltverzicht. In seiner Güte und Menschenfreundlichkeit, im Heilen und Trösten, in seiner Feindesliebe und seiner Leidensfähigkeit war er revolutionärer als alle Revolutionäre. Wie kein anderer hat Jesus die Freiheit und Würde des Menschen ermöglicht und verteidigt. Diese Freiheit ist nicht individualistisch, sie erwächst vielmehr aus einer lebendigen Beziehung zu Gott und aus einem mit anderen geteilten Leben.

Die *Zehn Worte* werden auch „*Worte* des Bundes" genannt (Ex 34,28). Israel ist dazu ausersehen, ein sichtbares Zeichen der Gegenwart Gottes in der Welt zu sein. Unter allen Völkern soll es Gottes Nähe zum Menschen und seine Befreiung von allen versklavenden Mächten bezeugen. Wie ein „brennender Dornenbusch" soll es andere Menschen in die Erfahrung der Freiheit locken, die allein Gott geben kann.
Nicht selten hat sich die Kirche im Verlauf ihrer Geschichte von diesem befreienden Gottesbild entfernt und mit dämonischen Gottesvorstellungen die Freiheitssehnsucht der Menschen missachtet und mit Füßen getreten. Aber das Feuer des Dornbusches hört nicht auf zu brennen!

Der Dekalog will vor allem auf jene Bereiche aufmerksam machen, in denen ein Leben in Freiheit und Würde besonders gefährdet ist. Er nennt also nicht alle wesentlichen Lebensbereiche und ist auch auf gegenwärtige Formen von Unterdrückung und Lebensbedrohung hin zu ergänzen und zu aktualisieren. Dabei ist jedoch immer zu beachten: Alles, was hier notwendig ist, muss den Atem der Freiheitsinitiative Gottes spüren lassen: „Ich bin der Herr, dein Gott, der dich herausgeführt hat aus dem Sklavenhaus."

Erstes Wort des Dekalogs

7 Du sollst/wirst keine anderen Götter
neben mir haben.
8 Du sollst/wirst dir kein Gottesbild,
irgendeine Darstellung
von etwas am Himmel droben
und etwas auf Erden unten
und etwas im Wasser unterhalb der Erde machen.

9 Du sollst/wirst dich nicht vor ihnen niederwerfen
und du sollst/wirst ihnen nicht dienen,
denn ich bin Jahwe, dein Gott,
ein eifersüchtiger Gott,
heimsuchend die Schuld der Väter an den Söhnen,
und an der dritten und an der vierten Generation
bei denen die mich hassen,
10 aber Gunst erweisend Tausenden,
die mich lieben und meine Gebote bewahren.

Deuteronomium 5,7-10

Erstes und Zweites Wort des Dekalogs

3 Du sollst/wirst keine anderen Götter
neben mir haben.
4 Du sollst/wirst dir kein Gottesbild
und irgendeine Darstellung
von etwas am Himmel droben
und etwas auf der Erde unten
und etwas im Wasser unterhalb der Erde machen.

5 Du sollst/wirst dich nicht vor ihnen niederwerfen
und du sollst ihnen nicht dienen,
denn ich bin Jahwe, dein Gott,
ein eifersüchtiger Gott,
heimsuchend die Schuld der Väter an den Söhnen,
an der dritten und an der vierten Generation
bei denen, die mich hassen,
6 aber Gunst erweisend Tausenden,
die mich lieben und meine Worte bewahren.

Exodus 20,3-6

Der exklusive Anspruch Jahwes, keine anderen Götter neben sich zu dulden, bedeutet für Israel das Herzstück seiner Identität. Seit dem Exodus gibt es Israel nur mit Jahwe. Wer sich von anderen Mächten bestimmen lässt, kann die Geschichte der Befreiung nicht fortsetzen. Das *Wort* bestreitet nicht die Existenz „anderer Götter", anderer Mächte und Gewalten in Natur, Gesellschaft und Geschichte, wie immer man sie sich auch vorgestellt haben mag. Es ist vielmehr eine klare Absage an jede Form von Unterwerfung unter eine geschöpfliche Wirklichkeit, unter etwas, das geringer ist als Gott. Vor nichts und niemandem in der Welt müssen wir in die Knie gehen.
Das *Wort* entspricht der immer gefährdeten menschlichen Freiheit. Es geht um das Bewahren und Bewähren der Freiheit in einer Situation realer Verführung, wenn es sich zeigt, dass die Freiheit Risiken mit sich bringt und Anforderungen stellt.

Das *Wort*, keine fremden Götter neben sich zu haben, wird zusammen mit dem Bilderverbot in der älteren Dtn-Fassung als *ein Wort* aufgefasst. Das Bilderverbot bedeutet aber nicht, dass in der Hl. Schrift von Gott nicht auch in Bildern und Symbolen, in Metaphern und Gleichnissen gesprochen werden dürfte. Dabei hat kein Gottesbild von vornherein einen Vorzug. Es sind Beschreibungen, in denen Gott mal absolut transzendent erscheint, mal eher prozesshaft immanent. Diese verschiedenartigen Bilder ergänzen sich und stehen miteinander in Spannung. Keines hat grundsätzlich einen „Mehrwert". Alle Gottesbilder

bleiben Annäherungsversuche. Sie legen Gott nicht auf ein bestimmtes Bild fest.
Im Unterschied zu Juden und Moslems ist für uns Christen Jesus Christus „das Ebenbild des unsichtbaren Gottes“ (Kol 1,15). In ihm sind alle biblischen Gottesbilder zur Erfüllung gekommen. Von ihm, dem Mensch gewordenen Gott, Bilder zu machen, verstößt nach unserer Auffassung nicht gegen das Bilderverbot. Darstellungen von Jesus sind Versuche, den zu veranschaulichen, in dem Gott selbst sichtbare Gestalt angenommen hat. Die Einstellung der christlichen Kirchen zu religiösen Bildern ist jedoch sehr unterschiedlich. Reformierte Gemeinden lehnen jede bildliche Darstellung in ihren Kirchen ab.
Das alttestamentliche Bilderverbot kann uns eine kritische Hilfe sein, Jesus Christus nicht mit Bildern aus der eigenen Kultur zu vereinnahmen und ihn nicht auf eine bestimmte Sichtweise festzulegen.

Der Satz vom eifersüchtigen Gott, der die Schuld seiner Gegner bis in die vierte Generation verfolgt, ist im doppelten Sinn missverständlich. Das Wort „eifersüchtig“ hat in unserem Sprachgebrauch meist einen negativen Klang. Im Hebräischen ist das anders. Hier kommt man der Bedeutung von *kanno* näher, wenn man es mit „leidenschaftlich“ übersetzt – im Sinne einer „starken, engagierten Gemütsbewegung, der Anteilnahme am Geschick des Anderen“ (J. M. Lochmann)[6]. Gott hat Israel ins Herz geschlossen (Dtn 7,7). Ihm ist das Geschick seines Volkes alles andere als gleichgültig.

Zum anderen ist die angedrohte Sanktion eine Erinnerung an unsere Verantwortung. Unser Handeln hat nicht nur für uns selbst Folgen, sondern auch für andere. Es beeinflusst das Leben vieler Menschen, die nach uns kommen – im Guten wie im Bösen. Dieses Gesetz der Solidarität hat durchaus etwas Beunruhigendes an sich. Das Böse hat seine Auswirkungen bis in die dritte und vierte Generation. Mit den vier Generationen sind alle Glieder einer Großfamilie gemeint, die nach semitischer Sitte eine Lebensgemeinschaft unter Führung eines Familienoberhauptes bilden. Doch der Akzent dieses Satzes liegt auf seinem Ende: Das Gute dauert Tausende von Generationen fort, d.h. über eine undenkbar lange Folge von Generationen hinweg. Jahwes Huld *(chaesed)* ist wie ein roter Faden, der sich durch die wechselvolle Geschichte der Generationen zieht.
Ist der ganze Satz von dem leidenschaftlichen Gott nicht „eine unerhörte Liebeserklärung" (J. Willi-Plein)[7]?

Eine Illustration des ersten *Wortes* bzw. der beiden ersten *Worte* des Dekalogs bietet die Erzählung vom goldenen Stierbild (Ex 31,18 – 32,35):

1. „Als das Volk sah, dass Mose noch immer nicht vom Berg herabkam, versammelte es sich um Aaron und sagte zu ihm: Komm, mach uns Götter, die vor uns herziehen. Denn dieser Mose, der Mann, der uns heraufgeführt hat aus dem Land Ägypten – wir wissen nicht, was aus ihm geworden ist…" (Ex 32,1)
Der Abschnitt knüpft an Ex 24,12-18 an, wo Mose zu Jahwe auf „den Berg" gestiegen war, um die neue

Lebensordnung für Israel entgegenzunehmen. Vierzig Tage und vierzig Nächte wurde er vom Feuer göttlicher Nähe geläutert. Was er seinem Volk aus dieser Begegnung mitbringen wird, trägt die Verheißung einer Zukunft, die Jahwe selber ist. Er selbst will mit Israel eine Lebensgemeinschaft eingehen. Er will sich an Menschen binden, die unter Mühen und Strapazen die Erfahrung einer neuen Freiheit gemacht haben. Während die Gegenwart des Herrn auf dem Gipfel des Berges den Israeliten wie ein verzehrendes Feuer erscheint (vgl. Ex 24,17), rottet sich „unten" das Volk um Aaron zusammen, um sich einen Gott nach eigenen Wünschen und Möglichkeiten zu „machen". Mit dieser Erzählung deutet das alttestamentliche Gottesvolk seine eigene *Unglaubens*geschichte. Hier verdichten sich Erfahrungen, die Israel immer wieder an sich gemacht hat.

2. Israel kann die Spannung zwischen Jahwes Nähe und seiner Entzogenheit nicht aushalten. Es kann sich nicht damit abfinden, dass sein Gott unfassbar und unverfügbar bleibt. Es wehrt sich dagegen, dass etwas mit ihm geschieht, das nicht von ihm selbst gemacht ist. Israel will sich nicht Jahwe verdankt wissen und sich auch nicht von seiner Lebensordnung formen lassen. Es will auch „diesen Mose, den Mann, der uns aus Ägypten heraufgeführt hat", loswerden. Zu sehr erinnert sie dieser von Gott Ergriffene daran, dass der Exodus aus entwürdigender Abhängigkeit nicht ihren eigenen Wünschen und Möglichkeiten entsprang. Mose ist nicht „ihr" Mann. Darum gehen sie zu Aaron, einer „Institution" ohne persönliche Beziehung zu Jahwe

und ohne eigene Sendung ihnen gegenüber. „Komm, mach uns Götter, die vor uns herziehen!“ Sie wollen selbst Geschichte machen, um Gottes Geschichte mit ihnen zu vergessen.
Der Stier ist für Israel ein Gott, in dem es sich selbst versteht und darstellt – hervorgegangen aus der Kraft seines Erfolges, von seiner Fantasie und Kunst geformt, hergestellt aus den Schätzen fremder Lebensart.

3. Ein weiteres Moment des Unglaubens wird in dieser Erzählung deutlich: Israel kann nicht warten. Zu lange schon ist Mose auf dem Berg. Es will endlich das Fest in der Wüste haben; deswegen sind sie ja hinausgezogen (vgl. Ex 5,1). *Jetzt* wollen sie selbst in die Hand nehmen, was ihnen nur von Gott geschenkt werden kann. Vor lauter Ungeduld verlieren sie das Gespür für den rechten Zeitpunkt *(kairos)*. Sie können Gottes Zeit nicht abwarten und berauben sich damit seiner Gnade. So wird es eben *kein Fest für Jahwe*, sondern für Israel mit einem Götterbild – selbstgemacht – aus dem Gold ihrer Sklavenzeit (vgl. Ex 3,22). Es geht ihnen nicht um das Offenbarwerden Jahwes, sondern um das Feiern der eigenen Kraft und Stärke.

4. Mit der Gestalt des Aaron macht uns diese Geschichte noch auf einen gefährlichen Aspekt des Unglaubens aufmerksam: Aaron ist der geführte Führer. Er kennt die Stimme des Volkes. Er hat ein Gespür für die Macht der Verhältnisse. Er kann den Leuten zeigen, wie man selbst etwas zustande bringt. Er kann gut reden und gut organisieren. Aber ihm fehlt die Unterscheidung

und die Kraft „von oben“. Er ist nicht durch das Feuer göttlicher Nähe hindurchgegangen. Seine Worte und sein Tun folgen dem, was von woanders herkommt. Aaron kann das Volk nicht für das Ereignis der Offenbarung und des Glaubens disponieren. Er kann Sünde und Unheil nicht von ihm abwehren (vgl. Ex 32,11-14). Weil die Verhältnisse es verlangen, wird er zum Träger und Vollstrecker gottlosen Treibens: Als er das Machwerk sieht und die Zustimmung des Volkes hört, realisiert er, was vor sich geht. Da baut er vor dem Kalb einen Altar und kündigt den Festtermin an. Die Sachzwänge lassen keine andere Wahl.

Als Aaron später von Mose zur Rechenschaft gezogen wird, bagatellisiert er sein Vergehen - so als hätte sich alles irgendwie aus der Dynamik des Geschehens wie von selbst ergeben. „Da kann man halt nur versuchen, das Beste daraus zu machen!“

Israel wird seinen Exodus fortsetzen, aber nur, weil Jahwe verzeiht. Er bleibt sich selbst treu als der, der seinem Volk immer wieder Leben und Freiheit ermöglicht. Das Zwiegespräch zwischen Jahwe und Mose (Ex 32,7-14) lässt etwas vom Geheimnis Gottes aufleuchten. Es erscheint wie eine theologische Besinnung über das „Jahwe-Sein“ Jahwes angesichts der Schuld seines Volkes: Hier ist der Ich-bin-der-ich-bin-da der lebendige Gott, der sich von der Geschichte seines Volkes treffen und bewegen lässt. Seine Liebe, die offenbar wurde in den Verheißungen an die Väter und von Anfang an im Exodus, ist größer als sein Zorn. Und dieser

Zorn zeigt noch einmal seine leidenschaftliche Verbundenheit mit seinem Volk.
Als Mose das Treiben im Lager sieht, zerschmettert er im Zorn die Gesetzestafeln am Fuß des Berges. Damit macht er den Israeliten schlagartig bewusst, dass der Bund mit Jahwe zerbrochen ist. Wenn Mose dann im Zorn das goldene Stierbild zu Staub zermalmt und es den Israeliten mit Wasser versetzt zu trinken gibt, will er ihnen möglicherweise zu verstehen geben, dass Ägypten ihnen noch tief in den Eingeweiden sitzt und dass sie nicht frei werden, bevor sie nicht alles ausgeschieden haben, was noch an das „Gold" der Sklavenzeit erinnert.

Heute ist der „Tanz um das goldene Kalb" für viele zum Symbol eines wirtschaftlichen Systems geworden, das sich der rücksichtslosen Ausrichtung auf Profit und Machtgewinn verschrieben hat. Die Ausbeutung der wirtschaftlich Schwächeren und Abhängigen sowie der ökologischen Ressourcen ist nur eine von vielen Konsequenzen dieses Systems. Bis in die verfestigten Lebensweisen des Einzelnen und der Gesellschaft hat sich eine Mentalität des „Habens" weitgehend durchgesetzt.

Zweites bzw. Drittes Wort des Dekalogs

Du sollst/wirst den Namen Jahwes,
deines Gottes,
nicht zum Trug aussprechen,
denn Jahwe spricht den nicht frei,
der seinen Namen zum Trug ausspricht.

Deuteronomium 5,11
Exodus 20,7

Das Verbot, den Namen Jahwes zu missbrauchen, gehört inhaltlich zum ersten bzw. zweiten *Wort* des Dekalogs: „Im Jahweglauben ist der Jahwename ja gewissermaßen an die Stelle des Gottesbildes getreten" (E. Zenger)[8]. Im gläubigen Aussprechen des Jahwenamens wird seine Gegenwart gleichsam unmittelbar – Ausdruck einer ehrfürchtigen Beziehung.
Der Name, mit dem Gott sich dem Mose offenbarte, bedeutet sinngemäß: „Ich bin der, der für dich und euch da ist, wann, wo und wie immer es auch sei." (vgl. Ex 3,14). Damit entzieht er sich allen menschlichen Versuchen, ihn zu begreifen, zu definieren oder für die eigenen Belange dienstbar zu machen. Wer also im zwischenmenschlichen Bereich, z.B. vor Gericht, sich auf ihn als den Garanten von Recht und Freiheit beruft und dabei Jahwes Lebensabsichten nicht im Sinn hat, missbraucht seinen heiligen Namen.

Bei seiner Berufung wird Mose mit dem Jahwenamen ermächtigt, in die Freiheit von allen pharaonischen Zwängen aufzubrechen und jede Form von Unterdrückung hinter sich zu lassen. In der Präambel zum Dekalog fordert Gott dann Israel auf, den Weg in diese Freiheit weiterzugehen, d.h. so zu leben, dass sein Name, sein göttliches Wesen offenbar wird. Wenn das Volk Zeichen der göttlichen Gegenwart ist, verherrlicht oder heiligt es den Namen Gottes. Wenn es sich aber weigert, den langen Weg der immer gefährdeten Freiheit weiterzugehen, „entweiht es den Namen des Herrn" (vgl. Ezechiel 36,22). An diesem *Wort* entscheidet sich die Integrität und Glaubwürdigkeit Israels als Gottesvolk.

Jesus verfolgt mit seiner Verkündigung dasselbe Anliegen: mit der ersten Vaterunser-Bitte um die Heiligung des Gottesnamens kommt das große Ziel jedes Menschenlebens und der ganzen Menschheitsgeschichte in den Blick: die Verherrlichung Gottes. In dieser Bitte sprechen wir die Sehnsucht aus, uns von Gott bis ins Herz hinein berühren und verwandeln zu lassen, so dass unser Leben an seine Gegenwart erinnert und wir den Auftrag Jesu erfüllen: „Ihr seid das Licht der Welt, eine Stadt, die auf dem Berg liegt, kann nicht verborgen bleiben ... So soll euer Licht vor den Menschen leuchten, damit sie eure guten Werke sehen und euren Vater im Himmel preisen" (Mt 5,14.16). Zentral kommt hier die Sehnsucht zum Ausdruck, dass Gott in unserem Leben die erste Stelle einnehme und dass er uns freisetze von allem, was uns gefangen hält in der Sorge um uns selbst, damit wir offen werden für seine Lebensabsichten mit uns.

Das *Wort* vom Missbrauch des Jahwenamens warnt vor der Gefährdung der Freiheit. Diese Gefährdung wird in der Geschichte von den Kundschaftern im Buch Numeri sehr anschaulich geschildert (Num 13,25–14,19):

1. In Num 13–14 wird eine wichtige Phase auf dem Weg in das Land der Verheißung geschildert. Nach langer Wüstenwanderung erreichten die Israeliten schließlich die Grenze zum gelobten Land, dem Ort ihrer eigentlichen Bestimmung. Das Ziel liegt vor ihren Augen – zum Greifen nahe. Sie können seine Schönheit

ahnen. Die vielen Stationen von tödlicher Bedrohung und Lebensangst, von Rückfall und Vergeblichkeit, von Mühsal und Enttäuschung eines oft endlos scheinenden Weges liegen hinter ihnen. Nun kann das zermürbende Leben Ruhe finden in einem „weiträumigen Land" (Ex 3,8). Die Vision, die sie einmal auf den Weg gebracht hat und an die sie in den dunkelsten Stunden ihrer Wüstenwanderschaft immer wieder erinnert werden mussten, war keine Fata Morgana. Jetzt brauchen sie nur noch mit dem, was sie sind, sesshaft zu werden.

Mose schickt Kundschafter aus, von jedem Stamm einen der führenden Leute, um das noch unbekannte Land in Augenschein zu nehmen. Nach vierzig Tagen kehren sie zurück und bestätigen einmütig, was von diesem Land vorausgesagt war: „Es ist wirklich ein Land, in dem Milch und Honig fließen." Aber dann behaupten die meisten von ihnen, dass dieses schöne und fruchtbare Land uneinnehmbar sei wegen der Größe und Stärke seiner Bewohner und ihrer befestigten Städte. Das Ziel all ihrer Mühen und Strapazen vor Augen, werden sie wieder von der Angst überfallen, der neuen Herausforderung nicht gewachsen zu sein. Wie so oft treibt die Angst ihr grausames Spiel und führt zu wütender Empörung gegen Mose. Wer kann sich denn schon die Angst eingestehen, sich aufs Neue in eine kämpferische Auseinandersetzung einzulassen! Es ist leichter, einen Schuldigen für die erneute Bedrohung all des bisher Erreichten ausfindig zu machen. Auch wenn Kaleb, *eine* Gegenstimme unter den vielen Stimmen des Aufruhrs, die aufgewühlten Emotionen zwar vorübergehend beruhigen kann, die Angst, am Ende doch zu scheitern, gewinnt an Boden. Angstfantasien mit übersteigerten Schreckgebilden lassen den Mut sinken: Das Land frisst seine Bewohner auf! Die Leute sind riesengroß! Wir dagegen klein wie Heuschrecken! Erschöpfung und Resignation, Trauer und Wut breiten sich aus: „Da erhob die ganze Gemeinde ein lautes Geschrei und das Volk weinte die ganze Nacht: alle Israeliten murrten über Mose und Aaron" (Num 14,1 f.). Wieder gewinnt das Land der Knechtschaft in der Erinnerung an Anziehungskraft. Alles, was sie bisher durchgemacht haben, auch die Schrecken und Strapazen der Wüste, kommt ihnen erträglicher vor als das, was ihnen in ihrer angstbesetzten Fantasie nun bevorsteht. Schließlich wird die Möglichkeit diskutiert, dann die Absicht laut, nach Ägypten zurückzukehren, und zwar unter einem neuen Anführer, den sie selbst bestimmen. Sie wollen den von Jahwe gewiesenen, immer gefährdeten Weg in das Land der Freiheit nicht mehr mitmachen. Wie aus dem Gedächtnis gefegt scheinen die vielen Zeichen täglich neu geschenkten Lebens, das Wunder, dass Israel überhaupt noch existiert. Vergessen auch die Verheißung, dass Jahwe mit ihnen zieht bis ins gelobte Land hinein. Die Empörung gegen Mose und Aaron, aber auch gegen Jahwe selbst hat sich so zugespitzt, dass Mose und Aaron sich in einer höchst dramatischen Geste vor der Versammlung der ganzen Gemeinde zu Boden werfen und so deutlich machen, dass sie sich in Jahwes Hand wissen.

Josua und Kaleb, die beide das Land miterkundet hatten, zerreißen vor Trauer über die Rebellion des Volkes ihre Kleider und beschwören die Israeliten, ihre Vision und Verheißung nicht zu verraten. Gott will ihnen doch das Land „schenken", wenn sie sich von ihm führen lassen! Doch die aufgebrachte Menge hätte Mose und Aaron beinahe gesteinigt, wenn Jahwe nicht durch das Erscheinen seiner Herrlichkeit dazwischen gekommen wäre (vgl. Dtn 1,20–48).

2. In diesem dramatischen Geschehen an der *Grenze zum gelobten Land* spielt sich etwas Typisches ab. Es gibt immer wieder Situationen, in denen wir – oft nach langem Bemühen und unter großen Anstrengungen – das von uns Gesuchte und Erstrebte zum Greifen nahe vor uns sehen. Aber dann kann uns plötzlich die Angst überkommen, der damit verbundenen Herausforderung nicht ausreichend gewachsen zu sein. Das Ziel unserer eigentlichen Bestimmung vor Augen, steigen Angstfantasien in uns auf, die unser Selbstwertgefühl stark beeinträchtigen. Wir können mutlos werden und trauen uns dann keine neuen kämpferischen Auseinandersetzungen mehr zu. Zugleich brechen Wut und Trauer in uns auf und eine gefährliche Empörung gegen alle, die wir für diese neue als Überforderung empfundene Herausforderung verantwortlich machen. Wenn wir uns diesen Ängsten und Befürchtungen ausliefern, verurteilen wir uns selbst, wie Israel, zu jahrelanger Irrfahrt. Wir vertun unsere Zeit mit sinn- und ziellosem Umherirren in wegloser Wüste, bis wir (hoffentlich) dazu

gebracht werden, unsere Sklavenmentalität (endgültig) abzulegen. Angesichts solcher auflebenden alten Ängste, nicht zu genügen, können wir uns daran erinnern, dass wir das Land unserer Bestimmung nicht aus eigener Kraft und nur auf uns gestellt zu erobern haben, sondern von Gott geschenkt bekommen, wenn wir uns von ihm dorthin führen lassen.

Nach dieser „Grenzerfahrung“ beginnt für Israel die vierzig Jahre dauernde Wanderung durch die Wüste (Num 14,22 f. 34).

Drittes bzw. Viertes Wort des Dekalogs

12 Bewahre den Sabbattag, um ihn zu heiligen,
wie dir geboten hat Jahwe, dein Gott.
13 Sechs Tage sollst du arbeiten und all deine
Arbeit tun.
14 Der siebte Tag aber ist Sabbat für Jahwe,
deinen Gott.
Du sollst keine Arbeit tun,
du und dein Sohn und deine Tochter,
und dein Sklave und deine Sklavin
und dein Rind und dein Esel
und dein ganzes Vieh
und der Fremde, innerhalb deiner Stadttore,
damit sich ausruhe dein Sklave und deine Sklavin
wie du.
15 Gedenke, dass du Sklave warst im Land Ägypten,
und dass dich Jahwe, dein Gott,
von dort herausgeführt hat
mit starker Hand und ausgestrecktem Arm.
Deshalb hat Jahwe, dein Gott, dir geboten,
den Sabattag zu halten.

Deuteronomium 5,12 – 15

Drittes bzw. Viertes Wort des Dekalogs

8 Gedenke des Sabbattages, um ihn zu heiligen.

9 Sechs Tage sollst du arbeiten und all deine
Arbeit tun.
10 Der siebte Tag aber ist Sabbat für Jahwe,
deinen Gott.
Du sollst keine Arbeit tun,
du und dein Sohn und deine Tochter,
dein Sklave und deine Sklavin
und dein Vieh
und der Fremde innerhalb deiner Stadttore,
11 denn in sechs Tagen hat Jahwe den Himmel
und die Erde,
das Meer und alles, was darin ist, gemacht.
Aber er ruhte am siebten Tag.
Deshalb hat Jahwe den Sabbattag gesegnet
und ihn geheiligt.

Exodus 20,8 – 11

Die Heiligung des Sabattages steht im Zentrum der *Zehn Worte*. Es ist das umfangreichste von allen. Von daher kann man es als das Kernstück des Dekalogs betrachten.
Noch vor den beiden unterschiedlichen Begründungen für die Einhaltung des Sabbats wird gesagt, dass dieser Tag zu „heiligen“ ist, d.h. dass er Gott gehört, der „keine Verlängerung menschlicher Bedürfnisse und Interessen ist“ (W. Wieland).[9] Mit der Heiligung des Sabbats erfüllen wir das erste der *Zehn Worte*. Nur eine personale Wirklichkeit jenseits unserer Welt und unseres Alltags kann uns ermöglichen, „menschlich zu existieren“.

Das *Sabbatwort* im Buch Deuteronomium nimmt am deutlichsten Bezug auf die Präambel des Dekalogs. Die Sabbatruhe will das Volk Israel daran erinnern, dass es selbst einmal Sklave in Ägypten war – ohne Recht auf Selbstbestimmung, unter harter Fron, der Frucht des eigenen Lebens beraubt. Es soll nie vergessen, dass Jahwe es „mit starker Hand und erhobenem Arm“ dort herausgeholt hat. Deshalb sollen *alle* Geschöpfe teilhaben an diesem Tag der Freiheit und des Aufatmens, auch die gesellschaftlich Benachteiligten und Unterpriviligierten. Der Sabbat macht uns bewusst, dass wir als Volk Gottes dazu berufen und ermächtigt sind, in Freiheit und Gerechtigkeit, in Solidarität und Würde miteinander zu leben. Mit der Sabbatruhe feiern wir unsere einzigartige Identität als Volk Gottes: mitten in der Welt ein Zeichen der Gegenwart Gottes zu sein. Alles Sorgen und Planen, alles Leisten und Funktionieren, alle Herrschaftsansprüche sollen an diesem Tag „aufgehoben“ werden, um die von Gott selbst geschaffene „Struktur“ des menschlichen und schöpfungsgemäßen Zusammenlebens sichtbar zu machen. Die Sabbatruhe ist ein Zeichen der Gnade gegen die „Gnadenlosigkeit der Beziehungen und Verhältnisse“ (J. M. Lochman).[10]

Die soziale Dimension des Sabbats wird noch deutlicher, wenn man das Sabbatjahr betrachtet: In Israel war es Pflicht, alle sieben Jahre Schulden zu erlassen und Sklaven in die Freiheit zu entlassen. Dazu gehörte es auch, ihnen das notwendige Startkapital für eine eigene Existenzgründung mitzugeben (vgl. Dtn 15,1 ff.).
Eine weitere Steigerung des sozialen Gedankens erfährt das Sabbatmotiv in der Idee des Jubeljahres (Lev 25,8–12). Der Sabbat aller Sabbatjahre soll jeweils nach neunundvierzig Jahren als eine Zeit gefeiert werden, in der die im Exodus begründete Freiheit und Gleichheit aller wieder hergestellt wird.
Die Sabbatbegründung umfasst im Deuteronomium also immer beide Aspekte: selber frei werden und andere frei geben.

Auf die Frage, warum Israel sich am Sabbat anders verhalten soll als an den übrigen sechs Wochentagen, gibt das Buch Exodus eine andere Begründung. Der Mensch soll teilhaben an der Vollendung der Schöpfung im Ruhen Jahwes am siebten Tag. Das *Wort* von der göttlichen Ruhe weist den Menschen darauf hin, dass er Abbild Gottes ist und dies nur sein kann, wenn er im

Rhythmus der sieben Tage immer wieder Abstand nimmt von seinen eigenen Absichten und Aktivitäten, wenn er mit seinem Planen und Wirken, mit seinem ganzen Sein einschwingt in die schöpferische Ruhe Jahwes. Dann gehorcht er den Lebensgesetzen seines Schöpfers und wird frei, sich von ihm neu beleben und heiligen zu lassen. „Der Sabbat ist Ausdruck dafür, dass die Schöpfung nicht Selbstzweck ist ... (und) nur in der Gemeinschaft mit Gott ihren Sinn hat. Das Ziel der Schöpfung ist der Lobpreis Gottes durch den ganzen Kosmos mit dem Menschen an seiner Spitze“ (E. Jenni)[11]. Erst durch den Sabbat und durch den vom Sabbat geprägten Menschen wird die Schöpfung vor Zerstörung bewahrt und kommt zu ihrer Vollendung.

Die Heiligung des Sabbats wird deshalb so nachdrücklich eingeschärft, weil sie die Verwirklichung der folgenden *Worte* des Dekalogs überhaupt erst ermöglicht. Denn wer die Grundordnung der Schöpfung und ihre Gesetzmäßigkeiten missachtet, verliert die Sensibilität für das, was menschliches Leben in Freiheit und Gerechtigkeit erst möglich macht.

Beide Begründungen des *Sabbatwortes* stellen biblisch keinen Gegensatz dar. Die deuteronomische Version betont die soziale Dimension, stellt diese aber in den theologischen Zusammenhang der Befreiungsgeschichte des Exodus. Die Exodusversion vertritt in erster Linie den theologischen Aspekt, ohne den Blick für die Belange der geschöpflichen Welt zu verlieren.

Zur Zeit Jesu, also mehr als vierhundert Jahre nach dem babylonischen Exil, war die Einhaltung des Sabbats zum eigentlichen Unterscheidungsmerkmal zwischen Juden und Nichtjuden geworden. Von daher musste jeder Jude mit Feindseligkeiten und harten Sanktionen rechnen, der sich herausnahm, in einem so sensiblen Bereich religiöser und nationaler Identität Ausnahmen zu machen. Vor diesem Hintergrund sind die vielen Sabbatkonflikte zu sehen, in die Jesus nach den Evangelien verwickelt war. Bei dem Versuch, die Sabbatregeln genau festzulegen und ihre Verletzungen entsprechend streng zu ahnden, konnte das Gespür für den ursprünglichen Sinn des Sabbatwortes verloren gehen. Jesus führt die mit schriftgelehrter Strenge gehandhabte Weisung Gottes wieder auf ihre ursprüngliche Bedeutung zurück. Seine Antwort ist von grundsätzlicher Kritik. Die von den Pharisäern eingeforderte Sabbatordnung unterwirft den Menschen dem Sabbat. Das *Sabbatwort* des Dekalogs ist aber als Gabe des Schöpfers zu verstehen, nicht als Last, die das Leben kasuistisch einengt und bedroht.

Jesus hat z.B. den Mann mit der verkrüppelten Hand (Mk 3,1–6) und die seit achtzehn Jahren gekrümmte Frau (Lk 13,10–17) am Sabbat geheilt und damit die Empörung seiner Gegner ausgelöst. Er stellt diese Menschen, die ihre ursprüngliche Ganzheit eingebüßt haben, in den Mittelpunkt der Aufmerksamkeit aller, um deutlich zu machen, dass der Mensch von seinem Ursprung her im Mittelpunkt der Schöpfung steht. An seinem Heil hat sich alle geschöpfliche Wirklichkeit zu relativieren – auch das *Sabbatwort* und was Menschen daraus gemacht haben. An diese ursprüngliche Ordnung will Jesus seine Zuhörer erinnern. Wenn es um das Heil des Menschen geht, zeigt Jesus keine Scheu, in aller Öffentlichkeit gegen eine religiöse Praxis zu polemisieren, gegen eine von Schriftgelehrten legitimierte Frömmigkeit, die elementare Gebote der Menschlichkeit außer Kraft setzt. Wer unmenschliches Verhalten theologisch rechtfertigt, indem er den Dekalog gegen die Liebe Gottes ausspielt, zerstört wahre Frömmigkeit und Menschlichkeit. Wenn der Sabbat nach Ex 20 damit begründet wird, dass der Mensch teilhaben soll an der Vollendung der Schöpfung, warum soll sich nicht gerade an diesem Tag Gottes Heilswirken manifestieren? Wenn der Sabbat nach Dtn 5 ein Tag der Freiheit und des Aufatmens ist von allem, was das Leben entstellt und verkrümmt, warum soll nicht gerade an diesem Tag ein Mensch zu seiner ursprünglichen Gestalt und Bestimmung befreit werden und Gott preisen (Lk 13,14)?

Auch in der Geschichte des Christentums hat man oft genug den „Tag des Herrn" mit einem System von Menschensatzungen zu reglementieren versucht. Aber ob es missbraucht wurde oder falsch ausgelegt, das große *Wort* von der wöchentlichen Ruhe bleibt gültig. Um des Menschen willen ist nach wie vor daran zu erinnern, dass es einem lebensnotwendigen Rhythmus unseres Menschseins entspricht. Dieser Rhythmus der Ruhe ist so heilig, „dass die Nichtbeachtung dieses Gesetzes im Menschen eine Entstellung des Gottesbildes nach sich zieht" (R. Voillaume)[12].

Wer nicht immer wieder Abstand von den Sorgen und der Mühsal des Alltags gewinnt, um vor Gott Atem zu holen in Gebet und Rückbesinnung auf die Quellen des Glaubens, wird zwangsläufig Schaden nehmen und an Substanz verlieren. Jesus selbst hat den Sabbat geheiligt und dieses lebensnotwendige Gesetz aktiver Distanz in den Jahren seines öffentlichen Wirkens beachtet. Darüber hinaus hat er immer wieder Zeiten ausfindig gemacht, in denen er sich aus allen Anforderungen und Zwängen herauslöste, um sich mit gesammelter Aufmerksamkeit dem Wort und Geheimnis des Vaters zu überlassen. An ihm kann man ablesen, dass unser Leben Gottes Weisung braucht, diese aber nicht mit äußeren Gesetzen und Konventionen abgesichert werden kann.

Viertes bzw. Fünftes Wort des Dekalogs

Ehre deinen Vater und deine Mutter,
wie dir geboten hat Jahwe, dein Gott,
damit lang sein werden deine Tage
und damit es dir gut gehen wird
auf dem Erdboden,
den Jahwe, dein Gott, dir gibt.

Deuteronomium 5,16

Ehre deinen Vater und deine Mutter,
damit lang sein werden deine Tage
auf dem Erdboden,
den Jahwe, dein Gott, dir gibt.

Exodus 20,12

Zur grundlegenden menschlichen Solidarität gehört auch die Fürsorge um die alten Eltern und der respektvolle Umgang mit ihnen, wenn ihre Kräfte nachlassen, wenn sie nicht mehr zum Lebensunterhalt beitragen und nicht mehr für sich selbst sorgen können. Das vierte bzw. fünfte *Wort* des Dekalogs ist also von seinem Ursprung her als Aufforderung zu verstehen, die von Jahwe geschenkte Freiheit auch den betagten Eltern zu ermöglichen. Sie ist kein Almosen, sondern Ausdruck von Solidarität.

Entsprechend kritisiert Jesus in aller Schärfe eine durch schriftgelehrte Tradition ermöglichte Praxis, wonach man seine religiöse Pflicht erfüllen kann, wenn man den Teil des Vermögens, der den alten Eltern zugute kommen sollte, dem Tempel zur Verfügung stellt. Wer sich auf diese Weise von der Versorgungspflicht für die Eltern entzieht, verletzt das grundlegende Gebot menschlicher Solidarität, wie es im Dekalog vorgegeben ist (vgl. Mk 7,9–13).

Was das *Wort*, Vater und Mutter zu „ehren“ auch über die materielle Versorgungspflicht hinaus bedeutet, erläutert ein Text aus dem Buch Jesus Sirach:
„Hört, ihr Söhne, was das Recht des Vaters ist, und handelt danach, damit es euch gut geht. Denn der Herr hat den Kindern empfohlen, ihren Vater zu ehren, und die Söhne verpflichtet, das Recht der Mutter zu achten.
Wer den Vater ehrt, erlangt Verzeihung der Sünden, und wer seine Mutter achtet, gleicht einem Menschen, der Schätze sammelt. Wer den Vater ehrt, wird Freude haben

an den eigenen Kindern, und wenn er betet, wird er Erhörung finden. Wer den Vater achtet, wird lange leben, und wer seiner Mutter Ehre erweist, der erweist sie dem Herrn. Wer den Herrn fürchtet, ehrt seinen Vater und dient seinen Eltern wie Vorgesetzten.
Mein Sohn, ehre deinen Vater in Wort und Tat, damit aller Segen über dich kommt. Der Segen des Vaters festigt die Wurzel, doch der Fluch der Mutter reißt die junge Pflanze aus. Such deinen Ruhm nicht darin, den Vater herabzusetzen, denn das ist keine Ehre für dich. Die Ehre des Menschen ist die seines Vaters; wer seine Mutter verachtet, sündigt schwer. Mein Sohn, wenn dein Vater alt ist, nimm dich seiner an und betrübe ihn nicht, solange er lebt. Wenn sein Verstand abnimmt, sieh es ihm nach und beschäme ihn nicht in deiner Vollkraft! Denn die Liebe zum Vater wird nicht vergessen, sie wird als Sühne für deine Sünden eingetragen. Zur Zeit der Bedrängnis wird sie dir vergolten werden; sie lässt deine Sünden schmelzen wie Wärme den Reif. Wie ein Gotteslästerer handelt, wer seinen Vater im Stich lässt, und von Gott ist verflucht, wer seine Mutter kränkt.“ (Sir 3,1–16)

An anderer Stelle begründet Jesus Sirach diese Haltung der Ehrfurcht und der Fürsorge gegenüber den Eltern: *„Ehre deinen Vater von ganzem Herzen, vergiss niemals die Schmerzen deiner Mutter! Denk daran, dass sie dir das Leben gaben. Wie kannst du ihnen vergeben, was sie für dich taten?*“ (Sir 7,27f.)

Einen weiteren Zugang zu diesem Wort finden wir über das Verb „ehren". Es leitet sich ab von der Wurzel des hebräischen Wortes *kabod*, das so viel wie „Gewicht" oder „Schwere" bedeutet. Ich ehre also meine Eltern, wenn ich sie für mein Leben als „wichtig", als bedeutsam betrachte, wenn ich sie ernst nehme.

Das Achten und Ehren der Eltern spielt in der systemischen Psychotherapie eine große Rolle für das Gelingen des eigenen Lebens. Wer seine Eltern verachtet, lehnt sich unbewusst selbst ab. Denn jeder Mensch ist *auch* sein Vater, ist *auch* seine Mutter. Darüber hinaus ist ihm etwas Eigenes mitgegeben, das jedoch nur zur Entfaltung kommen kann, wenn er seine Eltern so nimmt, wie sie sind. Je heftiger jemand seine Eltern ablehnt, desto mehr bindet er sich an sie und bestraft sich selbst.

„Denk daran, dass sie dir das Leben gaben". Ob es uns gefällt oder nicht: nicht wir, sondern die Eltern sind der Ursprung unseres Lebens. Es gehört zu den geschöpflichen Grundordnungen des menschlichen Miteinanders, dass wir diese Gabe schätzen und ohne Bedingungen und Vorbehalte zu würdigen wissen. Dazu gehören „auch die Zustimmung zum Leben und zum Schicksal, wie es die Eltern mir vorgeben ... die Grenzen und die Möglichkeiten meines Lebens und auch die Verstrickungen der Familie, in die ich hineingeboren wurde" (Th. Schäfer)[13].

Das Geschenk des Lebens wird uns zuteil unabhängig davon, ob die Eltern gut oder böse sind „und begründet ein einzigartiges Verhältnis, eine Bindung jenseits aller Moral" (Th. Schäfer)[14]. Wer seine Eltern so nimmt, wie sie sind, wird das, was an ihnen problematisch ist, nicht übernehmen. Wer im Einklang ist mit dem, was ihm geschenkt wurde, kann das, was er an den Eltern schätzt, übernehmen und mit den eigenen Gaben und Möglichkeiten zur Entfaltung bringen. Es geht dabei nicht um ein Annehmen in einer Haltung kritisch-wertender Distanz. Das wäre nur ein Sich-Abfinden mit etwas, das ich ja doch nicht ändern kann, bzw. eine Form von Herablassung, die mich gnädig erscheinen lässt. Wir sollen die Eltern nehmen im Sinne von bejahen, ohne zu werten. Erst eine solche Haltung setzt innerlich frei, ermöglicht eine selbständige Entwicklung und trägt wesentlich zum Gelingen des eigenen Lebens bei. Wen wir so ehren, der gibt uns frei.

In diesen Zusammenhang gehört auch, dass wir die Eltern, die uns das Leben gegeben haben, in Wahrheit nur ehren, wenn wir sie „verlassen" (Gen 2,24), d.h. vom Kind zum verantwortlichen Erwachsenen werden. Damit folgen wir ihrem Beispiel und nehmen unser Leben selbst in die Hand.
Eine Begebenheit aus den Evangelien erläutert diesen Sachverhalt: Auf seinem Weg nach Jerusalem wird Jesus von einem reichen Mann mit respektvoller Geste angesprochen und gefragt, wie er *seinen* Weg zum Leben finden könne. Diese Frage bewegt den Mann offenbar persönlich sehr stark. Jesus reagiert zunächst distanziert und verweist den Fremden auf die *Zehn Worte*. Dabei nennt er das *Wort*, Vater und Mutter zu ehren, als letztes. Diese ungewöhnliche Reihenfolge

gibt dem *Wort* eine besondere Bedeutung. Als der Mann sich damit nicht zufrieden gibt und nach „mehr" verlangt, zeigt ihm Jesus seine Zuneigung und lädt ihn ein, all seine Habe zu verkaufen, sein Vermögen den Armen zu geben und ihm nachzufolgen (Mk 10,17–21). Wenig später lobt er vor seinen Jüngern jeden, „der um meinetwillen und um des Evangeliums willen Haus oder Brüder oder Schwestern *oder Mutter oder Vater* oder Kinder oder Äcker verlässt" (Mk 10,29). Damit macht Jesus deutlich, dass der Mann nicht aufhört, seine Eltern zu ehren, wenn er sie um Jesu willen verlässt.

Doch wie sind die Worte Jesu zu verstehen, die sich nicht ohne Härte auf Eltern und Familie beziehen? Wenn er z. B. sagt: „Wenn jemand zu mir kommt und nicht hintansetzt seinen Vater und die Mutter und die Frau und die Kinder und die Brüder und die Schwestern, dazu sein eigenes Leben, kann er nicht mein Jünger sein" (Lk 14,26). Wer Christ sein will, ist aufgefordert, aus seiner Beziehung zu Christus in eine ähnliche Freiheit allen menschlichen Bindungen gegenüber hineinzuwachsen, wie Jesus sie selbst praktiziert hat. Damit verweist er auf eine tiefere Zugehörigkeit, auf eine neue Art von Verbindlichkeit, die alle menschlichen Bindungen und Ordnungen übersteigt. Mit anderen Worten: Jesus stellt die Ansprüche der Familie in den Gesamtzusammenhang, in dem sie ihren wahren Sinn erhalten – den Willen Gottes.

Wie jeder junge Mensch hat auch Jesus den inneren Widerstreit an sich erfahren, einerseits den Eltern gegenüber Rücksicht zu üben, andererseits aber den Wesensimpulsen aus seinem Innern zu folgen. Die Erzählung vom Zwölfjährigen im Tempel (Lk 2,41–52) macht deutlich, dass der Durchbruch zur Freiheit, zur Verantwortung für das eigene Leben, bei ihm zutiefst religiös bestimmt ist. Die Berufung Gottes zu einem eigenen und eigenständigen Leben führt den jungen Jesus zur Freiheit von allen Autoritäten. Im Tempel von Jerusalem wird Jesus und seinen Eltern klar, dass niemand mehr dem anderen gehört. Der „Verlust“ des geliebten Kindes hat beide Seiten auf den eigenen Lebensgehorsam verwiesen und damit zum Kindsein vor Gott befreit.
Wer sich nicht zu einem selbständigen Leben durchringt, wer die Zonen der Unsicherheit und die Augenblicke der Angst scheut, kann nicht erwachsen werden. Wer davor zurückschreckt, in diesem elementaren Prozess andere zu verletzen, und seien es die Liebsten, wird sich dem Absolutheitsanspruch von Menschen beugen und sie an Gottes Stelle setzen.

Das *Wort*, seine Eltern zu ehren, ist mit einer Verheißung verbunden: „damit lang sein werden deine Tage und damit es dir gut gehen wird auf dem Erdboden, den Jahwe, dein Gott, dir gibt.“ Es geht also um Vermehrung von „Lebensqualität“. Der Sinn der Ordnung zwischen den Generationen besteht darin, ein Leben aller in Freiheit und Würde, in Solidarität und Verpflichtung zu ermöglichen, kurz: ein Leben gelingen zu lassen in seinen grundlegenden Beziehungen und Bezügen. Die konkrete Erfüllung dieser Verheißung muss aber unter den gegebenen Verhältnissen immer erst gesucht und immer neu versucht werden. „Widerspricht eine konkrete Form menschlichen Zusammenlebens in Ehe und Familie (aber auch im weiteren gemeinschaftlichen und gesellschaftlichen Bereich) dem befreienden Grundanliegen des Dekalogs, wird etwa die eine Seite, das eine Geschlecht, die eine Generation, von anderen unterdrückt..., so ist eine solche Struktur nie durch Gottes Gebot zu legitimieren, sondern vielmehr zu verändern" (J. M. Lochman)[15].

Das *Wort* vom Achten und Ehren der Eltern gibt ihnen in ihrer Aufgabe, Leben in einem umfassenden Sinn an die nächste Generation weiter zu geben, ein besonderes Gewicht. Die Heranwachsenden brauchen einen Lebensraum, in dem sie von den Erfahrungen der Eltern lernen können, sich in der Vielfalt des Lebens zurecht zu finden und in wachsender Eigenständigkeit ihr Leben zu meistern. Dazu gehört nach biblischer Tradition ganz wesentlich, dass sie auch in den Jahweglauben hineinwachsen. So wird Israel Bestand haben. Die Identität und Lebensfähigkeit einer Gemeinschaft hängt also wesentlich davon ab, ob diese Aufgabe von den Eltern wahrgenommen und von der heranwachsenden Generation respektiert wird.

In diesem Zusammenhang darf nicht übersehen werden, dass viele Kinder keineswegs in einem lebensfördernden Ursprungsmilieu aufwachsen. Ihr Leben wird stark beeinträchtigt oder gar in erheblichem Maße zerstört – mit traumatischen Folgen, an denen sie ihr ganzes Leben zu leiden haben. Auch ist es für Heranwachsende oft nicht möglich, in bestimmten Situationen und Entwicklungsprozessen sich ein ungebrochenes Verhältnis zu den Eltern zu bewahren. Das kann in extremen Fällen dazu führen, dass beide Seiten nicht mehr zueinander finden.

In jeder Gesellschaft und Kultur gibt es Phasen, wo das Unbehagen am etablierten System und der gängigen Lebensweise so stark wird, dass die vorgegebenen Autoritäten nicht mehr akzeptiert werden. Wie es bei der heranwachsenden Generation in einem bestimmten Stadium ihrer Welt- und Selbsterfahrung die Versuchung gibt, „die Eltern, die Älteren notorisch zu unterschätzen" (J. M. Lochman)[16], so bei der Elterngeneration die Versuchung, den Jüngeren unkritisch zu misstrauen. Es braucht in den Familien und darüber hinaus zwischen den Generationen eine Kultur des Dialogs, in dem der Atem der Freiheit und des gegenseitigen Respekts spürbar ist. Kein Wunder, dass schon bei den alten Rabbinen das *Wort* vom Achten und Ehren der Eltern als das Schwerste im ganzen Dekalog betrachtet wird.

Fünftes bzw. Sechstes Wort des Dekalogs

Du sollst/wirst nicht morden.

Deuteronomium 5,17
Exodus 20,13

Die zweite Tafel der *Zehn Worte* betrifft die Beziehungen zu unseren Mitmenschen. Dtn 5,17–21 ordnet die sechs sozialen *Worte* der zweiten Tafel in zwei Gruppen: Die erste Gruppe von drei *Worten* ist ohne Objekt und bezieht sich auf geheime Vergehen, für die man gerichtlich nicht belangt werden kann. Die andere Dreiergruppe bezieht sich auf öffentlich bekannte Vergehen. Beide Gruppen haben dieselbe Reihenfolge: Vergehen gegen das Leben (fünftes und achtes *Wort*), gegen die eheliche Partnerschaft (sechstes und neuntes *Wort*) und gegen den Besitz des Nächsten (siebtes und zehntes *Wort*).
Gott wird in den sozialen *Worten* des Dekalogs nicht genannt, d.h. er ist uns vor allem zugänglich in den Beziehungen zu unseren Mitmenschen. Die Art, wie wir zu ihnen stehen und mit ihnen umgehen, ist geradezu der Prüfstein für die Echtheit unserer Gottesbeziehung. Jesus fasst diese Wirklichkeit in der „Goldenen Regel" für seine Jünger zusammen: „Alles, was ihr von anderen erwartet, das tut auch ihnen! Darin besteht das Gesetz und die Propheten" (Mt 7,12).

Das Verbot, nicht zu „morden", bezieht sich vor allem auf die heimtückische Beseitigung eines Volksgenossen, der den eigenen Interessen im Wege steht. Es meint „das heimliche (gerichtlich nicht aufdeckbare) oder das nicht nachweisbar freiwillige (also scheinbar unfreiwillige!) Töten" (E. Zenger)[17]. Eine Erzählung aus dem 1. Buch der Könige kann diesen Sachverhalt verdeutlichen: Ahab, der König des Nordreiches (873-853) wollte ein Grundstück Nabots erwerben, das nahe bei dem Palast lag, um dort einen Gemüsegarten für seinen Hof anlegen zu lassen. Als Nabot das großzügige Angebot des Königs definitiv ablehnt, nimmt Königin Isebel die Sache in die Hand und inszeniert gegen den Besitzer einen Prozess wegen Hochverrats. Aufgrund falscher Zeugenaussagen wird Nabot zum Tode verurteilt und gleich – scheinbar völlig legal – gesteinigt. Das Gut des Hingerichteten fällt dann dem König zu (1 Kön 21,1–29). Ahab und Isebel machen sich zu Herren über Leben und Tod und verfügen über etwas, das nach biblischem Verständnis nur Gott zusteht. Das Leben eines Menschen darf nicht menschlichen Interessen zum Opfer fallen. Die Unantastbarkeit des Lebens ist ein Grundrecht des Menschen, das nicht heimtückisch relativiert werden darf, weil Gott den Menschen nach seinem Bild geschaffen hat (Gen 9,6). Selbst ein Mörder darf nicht zum Freiwild für andere werden (Gen 4,15). Ohne diese „Ehrfurcht vor dem Leben“ herrscht das „Gesetz des Dschungels“.

Im Neuen Testament wird diese Sicht des Dekalogs noch radikalisiert: Jesus sagt in der Bergpredigt: „Ihr habt gehört, dass zu den Alten gesagt worden ist: Du sollst nicht morden; wer aber mordet, soll dem Gericht verfallen sein. Ich aber sage euch: jeder, der seinem Bruder zürnt, soll dem Gericht verfallen sein. Wer aber zu seinem Bruder sagt: du Dummkopf *(raká)*, soll dem Hohen Rat verfallen sein. Wer jedoch sagt: du verrückter Kerl *(morós)* soll dem Feuer der Hölle verfallen sein“ (Mt 5,21 f.). Hier wird der Blick auf die verborgenen Dynamiken des Mordens gelenkt, das Bewusstsein geschärft für die destruktiven Kräfte des eigenen Herzens, die unter der Schicht mühsam bewahrten Anstandes wirksam sind. Der spontan gewalttätige oder heimtückische Akt des Mordens ist oft der letzte Ausbruch eines angestauten oder lange „gepflegten" Hasses. Es geht bei der Radikalisierung des Verbots also darum, solchen zerstörerischen Kräften konstruktiv vorzubeugen: „Lass dich vom Bösen nicht überwinden, sondern überwinde das Böse durch das Gute" (Röm 12,21). Unser zwischenmenschliches Verhalten soll Ausdruck unserer eigenen religiösen Identität sein, nicht eine Reaktion, die dem verletzenden Verhalten des anderen mir gegenüber entspricht oder es gar noch übertrifft. Ebenso gehören alle Formen von Diskriminierung, Verleumdung und Ausbeutung, für die man gerichtlich nicht belangt werden kann, zum direkten Umfeld dieses Verbots. Letzten Endes fällt unter dieses Wort alles, was die Unantastbarkeit der Menschenwürde verletzt, was die Lebensgrundlage von Menschen ruiniert und zum eigenen Nutzen und Wohlergehen anderen angetan wird, auch wenn es ohne böse Absicht, also fahrlässig geschieht.

Im Zusammenhang mit der Unantastbarkeit des Lebens ist auf den Grenzfall Selbstmord einzugehen. Für den einen ist der frei gewählte Tod der letztmögliche Akt seiner Freiheit, seinem Leben eine Frist zu setzen. Für den anderen ist er eine letzte Möglichkeit, sich von unerträglichen Qualen zu erlösen oder die Preisgabe von Menschen unter Folter zu verhindern. Der tschechische Student Jan Palach wiederum verstand seine Selbstverbrennung in Prag 1969 als Zeugnis für die Wahrheit, als Selbstpreisgabe, um die eigene Kirche und Gesellschaft wachzurütteln.

Manche sehen im Freitod den letzten Ausweg aus einer ausweglos erscheinenden Situation oder als Flucht aus einem verpfuschten Leben. Auch gibt es zwanghafte Dynamiken, die den Selbstmord als eine nicht mehr aufzuhaltende Aktion erleben lassen.

Nach biblischem Verständnis besteht die Freiheit des Menschen in der Freiheit für das Leben und nicht für den Tod. Das Verbot des Dekalogs will das Leben des angefochtenen Menschen auch gegen ihn selbst in Schutz nehmen. Wie der Anfang des eigenen Lebens unverfügbar ist, so auch das Ende. Diese Perspektive legt vor allem eine präventive Wachsamkeit und Fürsorge für Menschen nahe, die in dieser Hinsicht besonders angefochten und gefährdet sind. Aber selbst alle Versuche dieser Art werden nicht ganz verhindern können, dass Menschen Hand an sich legen. Auch dann dürfen wir davon ausgehen, dass ihr Ende noch einmal von Gottes Barmherzigkeit umfangen ist, selbst wenn wir ihre Tat nicht verstehen oder sie missbilligen. Jedes Menschenleben bleibt ein Geheimnis.

Ein weiterer Grenzfall ist der Schwangerschaftsabbruch. Eine befruchtete Eizelle, ein Embryo, ist von seiner Anlage und Bestimmung her ein menschliches Lebewesen. „Ein Mensch ist auch schon, was erst ein Mensch werden soll." (Tertullian)[18] Der Schutz des Lebens gilt also auch für das noch ungeborene Geschöpf. Eine Fristenlösung räumt den Eltern eine absolute Verfügungsgewalt über die Ungeborenen ein. Darüber hinaus wird „durch die bedingungslose Freigabe des

Eingriffs innerhalb recht willkürlich gesetzter Frist der Eindruck erweckt, als ob der Schwangerschaftsabbruch in dieser Frist eine ‚normalisierte' und also fast ‚normale' Erscheinung wäre" (J. M. Lochman)[19]. Das ist im Verständnis des Dekalogs eindeutig zu verneinen. Bei etwa 80% der Beratungsgespräche spielt heute das Lebensrecht des Kindes keine Rolle. Die Gefährdung von Leben und Gesundheit der Schwangeren, zu befürchtende schwere genetische Schädigung des Kindes, seelische Belastungen bei aufgezwungener Schwangerschaft und schwere, nicht zu behebende soziale Notlagen gelten heute im gesellschaftlichen Bewusstsein weithin als rechtlich zulässige Gründe für eine Abtreibung. Dieser Trend geht inzwischen so weit, dass andere europäische Länder wie z. B. England, Frankreich und Italien sich damit begnügen, die Letztverantwortung für eine Abtreibung allein der Schwangeren zu überlassen („Indikation auf Selbsteinschätzungsbasis"). In der katholischen Moraltheologie wird das Lebensrecht des Kindes so ernst genommen, dass sie einen Schwangerschaftsabbruch nur dann für vertretbar hält, wenn das Leben des Kindes nach ärztlicher Einschätzung nicht zu retten ist. Diese Position wird mit dem Vorrang des rettbaren vor dem unrettbaren Leben begründet.

Der Schutz des ungeborenen Lebens braucht heute mehr denn je neben familien- und sozialpolitischen Rahmenbedingungen ein tragfähiges Netz menschlicher Solidarität, um die Mütter bzw. Eltern in ihrer Verantwortung zu ermutigen und zu unterstützen.

Sechstes bzw. Siebtes Wort des Dekalogs

Du sollst/wirst nicht ehebrechen.

Deuteronomium 5,18
Exodus 20,14

Ebenso wenig wie das Leben des Nächsten darf seine Ehe angetastet werden. Ursprünglich geht es bei dem Verbot um die Lebenssicherung des Nächsten und den Erhalt seiner Familie. Ehebruch mit einer verheirateten Frau stellte in der damaligen Gesellschaft die Legitimität der Kinder, den Erhalt von Familie und Grundbesitz in Frage. Ehebruch setzte also die Lebens grundlage des Nächsten aufs Spiel und wurde mit dem Tod bestraft (vgl. Lev 20,10; Dtn 22,22 f.).

Ursprünglich bezieht sich das Verbot auf heimlichen Ehebruch, der vor Gericht nicht beweisbar ist. Denn anders als bei einer unverheirateten Frau konnte das Kriterium der Jungfräulichkeit bei einer verheirateten Frau keine Anwendung finden. Die Geschichte vom Ehebruch Davids mit Bathseba (2 Sam 11) illustriert diesen Sachverhalt:

David hatte mit Bathseba, der Frau des Hethiters Urija, ein Verhältnis angefangen. Als er hörte, dass sie durch ihn schwanger geworden ist, versucht er die Folgen des Ehebruchs und so auch den Ehebruch zu verheimlichen. Doch seine Absicht, den betrogenen Ehemann hinters Licht zu führen, misslingt. Da greift der König zum Recht des Stärkeren, um Urija aus dem Weg zu räumen. Er schickt ihn ins Feld mit einem Brief an seinen Feldherrn Joab, in dem er diesen auffordert, Urija beim Kampf so einzusetzen, dass dieser sicher den Tod findet. Alles verläuft nach Wunsch und Plan. Bathseba hält noch die gebotene Totenklage um ihren Mann. Dann holt David sie zu sich und nimmt sie zur Frau. Alles scheint wieder „in Ordnung“ zu sein. Doch in den Augen Jahwes sind diese Machenschaften Davids ein schweres Verbrechen. Als König von Jahwe dazu bestimmt, Anwalt der Armen zu sein und die Grundrechte des Einzelnen zu schützen, setzt er sich über Gottes *Wort* hinweg (Dtn 5,17f.; Ex 20,13f.).

Auch wenn das alttestamentliche Verständnis von Ehe und Familie eng mit sozialökonomischen Aspekten verbunden ist, so bleibt es doch nicht darauf beschränkt. Das Verbot des Ehebruchs weiß um die Bedeutung von stabilen Beziehungen, die ein Mensch als Lebensgrundlage braucht. Verlässlichkeit und Solidarität, Liebe und Treue sind Grundpfeiler einer Freiheit, in der die Lebensgemeinschaft von Mann und Frau gelingen kann. Wer das Verbot als legalistische Einengung im Bereich menschlicher Sexualität versteht, geht an seiner Intention vorbei.

Die Ehe steht im Ersten Testament schon in einem „breiten anthropologischen und heilsgeschichtlichen Horizont, als Paradigma einer vollen menschlichen Gemeinschaft und als Sinnbild des wahren Bundes zwischen Gott und seinem Volk" (J. M. Lochmann)[20]. Das Verbot, die Ehe zu brechen, ist nur im Kontext einer gelebten Gottesbeziehung zu verstehen.
Jesus hat das Verbot in einer doppelten Weise radikalisiert. Er lässt den Ehebruch schon in den Blicken und geheimen Wünschen beginnen: „Ihr habt gehört, dass gesagt worden ist: du sollst nicht die Ehe brechen. Ich aber sage euch: wer eine Frau auch nur lüstern ansieht, hat in seinem Herzen schon Ehebruch mit ihr begangen" (Mt 5,27f.). Darüber hinaus lehnt er die damals

übliche Praxis der Ehescheidung ab. Als Pharisäer ihn fragen, ob es einem Mann erlaubt sei, seine Frau zu entlassen, wollen sie eigentlich von ihm wissen: Darf ein Mann seine Frau aus jedem beliebigen Grund entlassen oder nur in bestimmten Ausnahmefällen? Beide Auslegungen wurden im Judentum vertreten.
Diese Frage ist auf dem Hintergrund der Rechtlosigkeit zu sehen, mit der zur Zeit Jesu die Frau dem Mann in der Scheidungsfrage gegenüberstand. Das Scheidungsrecht war ein Privileg der Männer. Wenn ein Mann seine Frau verstieß, hatte das für sie meist erhebliche soziale Folgen.

Jesus weiß um die Möglichkeiten zur Willkür, die dieses Herrschaftsrecht den Männern gegenüber „ihren" Frauen einräumt. Er weiß, wie viel Erniedrigung und Entwürdigung vielen Frauen zugefügt wird. Schon um 20 v. Chr. hat Rabbi Schammai mit seiner strengen Auslegung von Dtn 24,1 die Frauen vor den Männern schützen wollen.

Jesus entgegnet seinen schriftgelehrten Herausforderern, dass man Gesetze braucht, wenn die Liebe zu Ende geht und dass man Liebe mit keiner gesetzlichen Ordnung „regeln" kann. Damit entzieht er ihnen den Boden ihrer Argumentation und verweist sie auf den Ursprung, d.h. auf das Wesen des Menschen: „Als Mann und Frau hat er sie erschaffen" (Gen 1,27). Jesus will, dass seine Zuhörer den ursprünglichen Sinn ehelicher Liebe und Gemeinschaft wieder sehen lernen. Nur in einer Atmosphäre ohne Angst voreinander sind

Menschen zu einer Liebe fähig, die ihnen zum Segen und nicht zum Fluch wird. Dieses Vertrauen entsteht durch die Einheit mit Gott. Nur wenn Menschen die Macht seiner Liebe in ihr Herz hineinlassen, sind sie imstande, sich selbst und einen anderen Menschen ganz zu bejahen. Dann bringen sie auch Kraft und Mut auf, für das Abenteuer eines gemeinsamen Weges. „Als Mann und Frau hat er sie geschaffen". Vom Anfang der Schöpfung, von der ursprünglichen Ordnung Gottes her, gibt es kein Herrschaftsrecht eines Menschen über den anderen. An diesen „Anfang" will Jesus erinnern und damit deutlich machen, dass man mit gesetzlichen Regelungen Fragen des Herzens nicht erledigen kann. Er weiß, dass jedem Menschen die Erinnerung an diesen Ursprung möglich ist und dass es in jedem ein verborgenes Wissen und Fühlen davon gibt, was menschlich stimmt und was nicht.

Auf diese Weise eröffnet Jesus eine Perspektive, wie Menschen von der Herzenshärte, von der Gottesferne ihrer rechtlichen Praxis, von der heillosen Verfremdung ihres Herzens zurückfinden zu einer Haltung des Vertrauens, die dem göttlichen Anfang entspricht. Er fordert die Pharisäer auf, sich zum Schöpfer zu bekehren: nicht was der Mann will, hat Geltung, sondern was Gott will; und Gott will die Einheit in der Liebe zwischen Mann und Frau. Diese Einheit darf niemand willkürlich zerstören.

Darum also verbietet Jesus dem Mann die Verstoßung seiner Ehefrau. Er will der legalisierten Willkür ein

Ende machen. Sein Scheidungsverbot ist Ausdruck seiner Menschlichkeit (vgl. Mk 10,1-12).

Erst im Rückgriff auf den Schöpfungsbeginn wird man die Ehe als ein Sakrament, als ein Zeichen des Vertrauens unter Menschen verstehen, die durch den Glauben erlöst wurden aus der zerstörerischen Macht des Misstrauens gegenüber dem gemeinsamen Leben. Erst auf diesem Hintergrund wird der Anspruch der Unauflöslichkeit zu einer Verheißung der Geborgenheit, die einer dem anderen zu geben befähigt wird. Dieser Sinn ehelicher Liebe und Gemeinschaft kann durch nichts ersetzt werden.

In unserer westlichen Industriegesellschaft hat Ehebruch längst den Charakter eines strafbaren Vergehens eingebüßt. Das Verbot gilt bei vielen Menschen als überholt. Die überkommenen Normen des sexuellen Verhaltens sind in der breiten Öffentlichkeit praktisch bedeutungslos geworden. Die Ehe wird heute weithin als private Angelegenheit betrachtet. Die befriedigende Lebensgestaltung des Einzelnen steht dabei oft höher im Kurs als das Verbleiben in einer als Belastung empfundenen Ehe. Damit hat sich die Einstellung zur Ehe als Dauerinstitution stark verändert.
Andererseits bleibt eine Sehnsucht nach lebenslanger Liebe und Treue und die Sensibilisierung gegenüber seelischen Verletzungen in der Partnerschaft wächst. Der Wunsch nach Exklusivität zeigt sich dann am deutlichsten, wenn ein unschuldiger Partner betrogen und dadurch verletzt wird. Untreue in der Ehe

empfinden die meisten Eheleute als persönliche Verletzung, als Missachtung ihrer menschlichen Würde. Durch eine gescheiterte Ehe kann unendlich viel Leid entstehen. Vielleicht kann diese Erfahrung die Notwendigkeit und Aktualität des Verbots wieder ins Bewusstsein bringen. Dieses *Wort* des Dekalogs bezieht sich nicht auf eine Bagatelle unseres privaten Tun und Lassens. Es trifft vielmehr „die Grunddimension unseres Menschseins, unsere Mitmenschlichkeit. Denn das Verhältnis von Mann und Frau ist die Grundform der schöpfungsgemäßen Mitmenschlichkeit“ (J. M. Lochmann)[21].
Trotz aller Verfremdungen in der Geschichte und trotz aller Gebrechlichkeit und Gefährdungen bleibt die Ehe als Lebensgemeinschaft von Mann und Frau eine immer wieder zu gestaltende und aufzubauende Lebensform im Bewahren und Bewähren von Liebe und Treue. Liebe und Treue sind nach biblischem Verständnis nicht nur ein Gefühl, sondern vor allem eine Entscheidung von Herz und Verstand für den Ehepartner im Vertrauen auf Gott. Als Lebensgemeinschaft ist sie auf Dauer angelegt. Gerade die Analogie des Jahwe-Bundes schließt eine einkalkulierte Auflösung aus. Ohne die ehrliche Absicht für eine unbefristete Partnerschaft kommt keine legitime Eheschließung zustande.
Darüber hinaus ist die Sexualität von Mann und Frau immer noch am besten in einer auf Dauer angelegten Lebensgemeinschaft aufgehoben, dort, wo sie in der Bindung personaler Liebe geschieht.

Dennoch wissen wir zur Genüge, dass auch bei aufrichtigem Ehewillen auf beiden Seiten die Ehe scheitern, dass die Lebensgemeinschaft zerbrechen und zu einem zerstörerischen Miteinander degenerieren kann. Dann mag eine Trennung für die Betroffenen immer noch eine – auch moralisch – bessere Lösung sein. Aber ein solches Scheitern bedeutet immer einen Bruch in der Biografie, ein Versagen, das Vergebung braucht und nicht zum „Normalfall" erklärt werden soll.

Dietrich Bonhoeffer schreibt in seiner Ethik:
„Wenn ich meine Frau liebe, wenn ich die Ehe als Gottes Setzung bejahe, dann stellt sich eine innere Freiheit und Gewißheit des Lebens und Handelns in der Ehe ein, die nicht mehr mißtrauisch jeden eigenen Schritt beobachtet, jede eigene Tat infragezieht; das göttliche Verbot des Ehebruches ist dann nicht mehr der Mittelpunkt, um den mein ganzes Denken und Handeln in der Ehe kreist, – als ob Sinn und Ziel der Ehe geradezu in der Vermeidung des Ehebruchs bestünde! –, *sondern die gehaltene und frei bejahte Ehe, also das Hintersichlassen des Verbotes des Ehebruchs ist vielmehr die Voraussetzung für die Erfüllung des göttlichen Auftrages der Ehe. Das göttliche Gebot ist hier zur Erlaubnis geworden, frei und gewiß in der Ehe zu leben."*[22]

Siebtes bzw. Achtes Wort des Dekalogs

Du sollst/wirst nicht stehlen.

Deuteronomium 5,19
Exodus 20,15

Das Verbot zu stehlen bezieht sich zum einen auf Menschenraub und will den Nächsten davor bewahren, außer Landes in die Sklaverei verkauft zu werden. Bei diesem Kapitalverbrechen handelt es sich auch um ein heimliches Vergehen – wie bei den Brüdern Josefs, die den Lieblingssohn ihres Vaters Jakob nach Ägypten verkaufen (Gen 37). Nach Ex 21,16 ist es ein ebenso todwürdiges Verbrechen, einen Bruder zu verkaufen wie ihn zu erschlagen. Der Exodusrahmen des Dekalogs legt es nahe, dass die Freiheit auf keinen Fall durch Menschenraub und Sklaverei wieder verloren gehen darf. Auch im Talmud kommt man zu der Schlussfolgerung: „Unsere Meister lehren: Du sollst nicht stehlen! Die Schrift redet hier über einen Menschendieb." (Sanhedrin 86a)[23] Wenn man das *Wort* auf Menschenraub bezieht, ergibt die zweite Tafel des Dekalogs eine innere Logik: Sie sichert die Grundrechte des freien Bürgers: sein *Leben*, seine *Ehe*, seine *Freiheit*, seine *Ehre* und seinen *Besitz*.

Dieses *Wort* des Dekalogs hat heute eine unheimliche Aktualität gewonnen. Menschenraub wird in unserer globalen Welt als Mittel einer umfassenden politischen Strategie eingesetzt. Wochenlang werden dabei Regierungen und staatliche Institutionen z. T. lahmgelegt und viele Menschen durch staatliche Selbstverteidigungsmaßnahmen in ihren Freiheitsrechten eingeschränkt.

Frauenhandel zur Prostitution und Menschenraub zur Gewinnung von Organen für den lukrativen internationalen Handel machen u. a. deutlich, dass wir von den barbarischen Zeiten vergangener Epochen nicht weit entfernt sind. Menschenrechtsgruppen schätzen, dass heute weltweit mehr als 20 Millionen Menschen wie Sklaven leben. Das sind etwa doppelt so viele wie zu der Zeit, als Menschen von Afrika nach Amerika in die Sklaverei verschleppt wurden. Das Verbot zu stehlen, schließt den Raub eines Menschen aus ethischen, politischen oder wirtschaftlichen Gründen kategorisch aus. Niemand darf ein Menschenleben erpresserisch als Mittel zum Zweck einsetzen.

Zum anderen will das siebte bzw. achte *Wort* des Dekalogs das Eigentum zur Grundversorgung als sichere Lebensgrundlage schützen. Keinem soll das Lebensnotwendige fehlen, jeder soll „unter seinem Weinstock und Feigenbaum" leben können. Der Feigenbaum ist ein Bild für die materielle Grundsicherung, der Weinstock steht für Lebensfreude und Genuss. Beides braucht der Mensch (vgl. 1 Kön 5,5; Mi 4,4; Sach 3,10). Diebstahl gefährdet oder zerstört diese stabile Grundlage und bringt existenzielle Unsicherheit über die Betroffenen. Die Erzählung von Nabots Weinberg ist auch ein klassisches Beispiel dafür, wie auf legalem Weg der Besitz eines freien Bürgers in die Hände des Königs gelangt: „Durch einen Mord bist du Erbe geworden." (1 Kön 21,19)
Das Verbot zu stehlen ist Ausdruck einer solidarischen Gesinnung. Es will wie alle Worte des Dekalogs das Lebens- und Freiheitsrecht des Nächsten wahren. Dazu gehört eine Güterverteilung, an der alle so gerecht wie möglich beteiligt sind.

In den Seligpreisungen der Feldrede bei Lukas sind mit den Armen vor allem die vielen gemeint, die an dem Land, dass Jahwe *allen* gegeben hat, keinen Anteil haben, d.h. Menschen, die in ihrem sozialen Umfeld keine Chance haben und dadurch in bittere Not geraten sind. Hunger ist die Grundform existenzieller leiblicher Not. Jesus will, dass die Armen ihre Würde erkennen und den Reichen und Mächtigen in Augenhöhe begegnen (Lk 6,20 26).
In dem Gleichnis vom reichen Prasser und dem armen Lazarus (Lk 16,19-31) schildert Jesus, wie zwei gegensätzliche Wirklichkeiten, aufwändiger Luxus und himmelschreiendes Elend, so dicht nebeneinander existieren, ohne sich zu berühren – eine bedrückende Wirklichkeit bis auf den heutigen Tag. In dem Gleichnis spiegelt sich auch die Erfahrung wider, dass Besitz und Reichtum eine Anziehungskraft ausüben und eine Dynamik auslösen, die Menschen ganz in Beschlag nehmen können. Diese „kapitalisierende Verblendung“[24] kann nicht nur Arme, sondern auch Reiche menschlich ruinieren. In den Grauzonen wirtschaftlicher und finanzieller Verflechtungen und Machenschaften gehen das Gespür und die Verantwortung für die widerrechtliche Aneignung fremden Besitzes und die Zerstörung der Existenzgrundlage unzähliger Menschen verloren.
Zu der solidarischen Gesinnung gehört auch die Sorge um zukünftige Generationen: Sie sollen nicht durch rücksichtslosen Umgang mit den Ressourcen der Erde ihrer Lebensgrundlagen beraubt werden. „Du sollst/wirst nicht stehlen“ ist auch eine Aufforderung, den

eigenen Lebensstil und die privaten Lebensgewohnheiten zu überprüfen und die persönliche Spitze dieses Verbots nicht zu übersehen, z. B. beim Umgang mit gemeinschaftlichem Eigentum.
Das *Wort* des Dekalogs bietet keine praktischen Lösungen für die wirtschaftlichen und finanziellen Problemfelder unseres Zusammenlebens. Diese müssen vielmehr immer neu analysiert, gedeutet und so umgesetzt werden, dass die Würde und Freiheit des Einzelnen respektiert werden und niemand aus der Gesellschaft herausfällt. Auch im privaten Bereich braucht es eine Sensibilisierung für die Gefahren, die ein kapitalistisch geprägtes Umfeld auf unseren Lebensstil hat, damit wir Gott dienen und nicht dem Mammon (vgl. Mt 6,24).

Achtes bzw. Neuntes Wort des Dekalogs

Du sollst/wirst nicht aussagen
gegen deinen Nächsten
als Zeuge des Truges.

Deuteronomium 5,20

Du sollst/wirst nicht aussagen
gegen deinen Nächsten
als Zeuge der Lüge.

Exodus 20,16

Das achte bzw. neunte *Wort* des Dekalogs bezieht sich ursprünglich auf die Falschaussage vor Gericht. Die Rechtssicherheit und Freiheit in einem Gemeinwesen beruhen vor allem auf dem wahrheitsgetreuen Wort der Zeugen. Da im Prozessrecht zu damaliger Zeit Indizien nur eine geringe Rolle spielten, kam dem Verbot, als Zeuge vor Gericht keine falschen Aussagen gegen den Angeklagten zu machen, entscheidende Bedeutung zu. Durch die übereinstimmende Aussage zweier oder mehrerer Zeugen galt der Angeklagte als überführt (Dtn 19,15) und konnte so seine Ehre, seinen Besitz und sogar sein Leben verlieren. Bei einer solchen Gerichtspraxis war die Gefahr, Zeugen zu bestechen oder selbst falsch auszusagen, um die Verurteilung eines Unschuldigen zu betreiben, besonders groß. Die Geschichte von der Errettung Susannas (Dan 13) veranschaulicht diese Gefahr: Es ist eine Lehrerzählung der späten nachexilischen, schriftgelehrten Weisheit. Susanna, die „sehr schöne und gottesfürchtige" Frau eines reichen und einflussreichen Juden, erregte die Leidenschaft zweier Ältester, die im Exil zu verantwortlichen Gemeindeleitern und Richtern Israels bestellt waren. Sie suchen und finden eine Möglichkeit, die begehrte Frau allein anzutreffen, um sie sich mit Gewalt gefügig zu machen. Susanna widersetzt sich dem brutalen Ansinnen der beiden Ältesten und schreit laut um Hilfe, wohl wissend, dass sie der Rache ihrer Bedränger nicht entgehen wird. So geschieht es. Die Ältesten erwirken eine Vorladung Susannas vor Gericht. In einem Schauprozess wird sie aufgrund der übereinstimmenden Zeugenaussage der bei ihrem

Ehebruchsversuch gescheiterten Komplizen wegen Ehebruchs zum Tode verurteilt. Als man sie zur Hinrichtung hinausführt, erhört Gott das Gebet der Unschuldigen. Durch das Eingreifen eines „jungen Mannes namens Daniel" wird der Prozess auf der Stelle noch einmal aufgerollt und die beiden gesetzlosen Ältesten finden ihre gerechte Strafe.
Falschaussage vor Gericht ist ein Verbrechen gegen die Substanz eines Gemeinwesens. Sie zerstört die Grundlagen, auf denen eine gerechte Gesellschaft aufgebaut ist. Die Situation ist noch gefährlicher, wenn die Richter selbst korrupt sind und das Recht zum eigenen Vorteil beugen. Totalitäre Regime haben immer wieder bis in unsere Zeit Schauprozesse inszeniert, bei denen falsche Zeugen aufgetreten sind und Richter das Recht missbraucht haben.

Aber das Verbot der Falschaussage bleibt nicht auf die Zeugenvernehmung vor Gericht beschränkt. Es schützt zentrale Grundwerte des Menschen: seine Ehre und Würde, sein Selbstwertgefühl und seine soziale Stellung. Wie schnell werden diese Grundwerte durch falsche oder halbwahre Behauptungen, böswillige Interpretationen bestimmter Verhaltensweisen und Unterstellung konstruierter Motive untergraben. Attacken dieser Art gehen an die Wurzeln unseres menschlichen Miteinanders in Ehe und Familie, im beruflichen und gesellschaftlichen Umfeld. Die Betroffenen sind solchen Gerüchten und Gerede oft schutzlos ausgesetzt.

Andererseits stellt sich das Verbot auch den Tendenzen einer rücksichtslosen Wahrhaftigkeit entgegen, die das Vertrauensverhältnis unter Menschen ebenso zerstören kann wie gezielt in Umlauf gesetzte Verdächtigungen. Die Ehre und die Würde eines Menschen sind unantastbar. Ein eindrucksvolles Beispiel für den gnadenlosen bzw. aufrichtenden Umgang mit der Wahrheit eines schuldig gewordenen Menschen ist die Geschichte mit der angeklagten Ehebrecherin (Joh 8,1-11): Schriftgelehrte und Pharisäer bringen eine Frau, die beim Ehebruch ertappt worden ist, vor Jesus, als er im Tempel das Volk lehrt. Sie verlangen von ihm augenblicklich eine Stellungnahme, wie mit der Frau zu verfahren sei, für die nach mosaischem Gesetz die Todesstrafe festgeschrieben ist. Die Frau wird von diesen Männern wie ein Gegenstand behandelt – zum Objekt erniedrigt, um Jesus in eine Falle zu locken. Sein Schweigen und seine stumme Zeichenhandlung verstärken zunächst die gnadenlose Aggressivität der „Gesetzestreuen“. Als Jesus sie dann mit einem Satz an ihre eigene Wahrheit vor Gott erinnert, kommt die vernichtende Wucht ihres Richtens zum Stillstand. Einer nach dem anderen macht sich davon. Durch sein Verhalten befreit Jesus die Frau aus der Rolle des Objekts. Ohne ihre Schuld zu übersehen oder zu verharmlosen, begegnet er ihr als Mitmensch und richtet sie auf. Gott selbst hat den Menschen Kleider gemacht, damit sie sich nicht voreinander ihrer Blöße wegen schämen müssen (Gen 3,21).

Die Geschichte von den drei Sieben illustriert, wie leicht im Alltag die Vertrauensbasis zwischen Menschen verletzt und wie sie geschützt werden kann:

„Zu Sokrates, dem großen griechischen Philosophen der Antike, kommt eines Tages ganz aufgeregt ein Freund gelaufen: Du, Sokrates, ich muss dir etwas Wichtiges über deinen Freund erzählen! Sokrates fällt ihm sofort ins Wort: Halt, halt, was willst du mir da erzählen? Hast du es schon durch die drei Siebe geschüttelt? Der andere, ganz erstaunt: Die drei Siebe, welche Siebe? Ja, sagt Sokrates, das erste Sieb ist das Sieb der Wahrheit. *Hast du, was du mir da erzählen willst, geprüft, ob es wahr sei? Der andere: Das habe ich nun gerade nicht getan. Ich hörte es erzählen. … Dann lass uns noch das zweite Sieb ausprobieren, sagt Sokrates, es ist das* Sieb der Güte. *Ist das, was du mir erzählen willst, wenigstens gut? Ach, sagt der andere, gut ist es nun gerade nicht. Im Gegenteil …. Nun, sagt Sokrates, dann lass uns noch das dritte Sieb ausprobieren. Es ist das* Sieb der Notwendigkeit. *Ist es denn so wichtig, dass ich's erfahre? Ach, sagt der andere, das ist es nun gerade nicht. – So, sagt Sokrates, wenn das, was du mir da erzählen willst, weder gesicherte Wahrheit ist und schon gar nicht gut, und wenn es noch nicht einmal wichtig ist, dass ich's erfahre, so wollen wir's begraben und uns nicht weiter damit belasten.“*[25]

Das Verletzen und Untergraben zwischenmenschlichen Vertrauens geschieht zunehmend im öffentlichen Leben unserer Gesellschaft. Natürlich haben die modernen Massenmedien in einer demokratischen

Gesellschaft die Aufgabe und Pflicht, bei der Berichterstattung für eine größtmögliche Transparenz zu sorgen. Aber der Missbrauch, der durch diese Institutionen und auch mit ihrer Hilfe betrieben wird, ist unverkennbar. Vor den medialen Tribunalen werden Anklagen erhoben, Zeugen beigebracht, Strafen beantragt und Urteile über Menschen gefällt, die in ihrer Gnadenlosigkeit einen Angriff auf die Mitmenschlichkeit darstellen.

Das *Wort* des Dekalogs stellt sich solchen zerstörerischen Tendenzen entgegen und verlangt, sich als Anwalt der Würde und Ehre des Nächsten zu bewähren.

Neuntes und Zehntes
bzw. Zehntes Wort des Dekalogs

Und du sollst/wirst nicht begehren
die Frau deines Nächsten
und du sollst/wirst nicht verlangen
das Haus deines Nächsten,
sein Feld
und seinen Sklaven und seine Sklavin,
sein Rind und seinen Esel
und alles, was deinem Nächsten gehört.

Deuteronomium 5,21

Du sollst/wirst nicht begehren
das Haus deines Nächsten.
Du sollst/wirst nicht begehren
die Frau deines Nächsten
und seinen Sklaven und seine Sklavin
und sein Rind und seinen Esel
und alles, was deinem Nächsten gehört.

Exodus 20,17

Das Verbot bzw. die beiden Verbote beziehen sich ursprünglich auf die Gesamtheit dessen, was in der patriarchalischen Agrargesellschaft Israels zu einem Vollbürger gehört. Sie wendet sich gegen alle Bestrebungen, sich sein „Haus“ und alles, was seine soziale Stellung ausmacht, anzueignen. Auf die Grundlagen der Freiheit eines Menschen darf es keinen Übergriff geben. Die übergriffigen Machenschaften haben ihren Ursprung im Begehren (hebr. *chamad*), in den zunächst verdeckten Regungen und Dynamiken menschlicher Habgier. Die Frau des Nächsten oder seine gesellschaftliche Position o.ä. kann in einer so absoluten und übermächtigen Weise zum Objekt unseres Begehrens werden, als hinge davon unser Lebensglück ab. Wer in den Sog eines so fehlgeleiteten Bestrebens gerät, kann rücksichtslos die Rechte und legitimen Ansprüche anderer überfahren. Der Nächste wird zum Konkurrenten, weil er etwas besitzt oder genießt, was wir selbst begehren. Neid und Missgunst entwickeln ihre zerstörerische Rivalität. Das Verbot warnt vor diesem schielenden Blick auf den Nächsten, weil er die Freiheit und Privatsphäre des Einzelnen verletzt oder gar zerstört und die Substanz, den Frieden (*shalom*) eines Gemeinwesens aushöhlt.
An zwei der schon genannten alt-testamentlichen Geschichten lässt sich die zerstörerische Dynamik menschlicher Habgier veranschaulichen: David ist seit früher Jugend von Jahwe mit Wohltaten überhäuft worden (2 Sam 2,7bf.). Sein Königtum ist gesichert und er hat alles, was seiner Stellung entspricht. Doch beim Anblick der schönen Bathseba entbrannte in ihm

ein so leidenschaftliches Begehren nach dieser Frau, dass er buchstäblich alles daran setzt, um sie zu besitzen, und mit einem raffinierten Plan den Gatten aus dem Weg räumte (2 Sam 11). Die andere Geschichte handelt von König Ahab, der so sehr auf den Weinberg Nabots erpicht ist, dass er geradezu depressiv wird, als dieser sein Angebot ablehnt. Der Wunsch, einen Gemüsegarten in der Nähe seines Palastes zu haben, nimmt ihn in so Beschlag, dass der auf einmal unverzichtbar für sein Lebensglück wird. Als seine Frau Isebel dann die Sache in die Hand nimmt, wird wieder mit einem maliziösen Plan der Konkurrent des Begehrens beseitigt (1 Kön 21).

Der letzte Teil des Dekalogs warnt vor der Begehrlichkeit des menschlichen Herzens. Er sieht darin die Ursache für die Entfremdung, die zwischenmenschliche Beziehungen zerstören kann. Habgier kann sich auch zu einem gesellschaftlichen System ausweiten, das die Lebensrechte und die Freiheitssehnsucht unzähliger Menschen mit Füßen tritt. „Ohne moralische Grundlage, ohne Überzeugung, die mehr ist als Sache der Opportunität, der Umstände und der erwarteten Vorteile, kann keine … Gesellschaft existieren" (Jan Potočka). Hier am Ende des Dekalogs wird noch einmal ganz deutlich, dass es bei den *Zehn Worten* um Herzensbildung geht. Die Identität des Jahwevolkes und die Freiheit des Einzelnen, seine unantastbare Würde als Nächster können nur aus der lebendigen Beziehung zum Exodusgott bewahrt und entfaltet werden.

In dieselbe Richtung zielen die Worte Jesu, als er seinen Jüngern erklärt: „Aus dem Herzen kommen böse Gedanken, Mord, Ehebruch, Unzucht, Diebstahl, falsches Zeugnis, Verleumdungen“ (Mt 15,19). Er scheint hier auf die ganze zweite Tafel des Dekalogs anzuspielen. Die Herzensbildung, um die es Jesus geht, wächst aus einer lebendigen Beziehung zum Vater und aus einem mit anderen geteilten Leben.

Die Zehn Worte – zweimal überliefert

Deuteronomium 5,6 – 21

6 Ich bin Jahwe, dein Gott,
der ich dich herausgeführt habe
aus dem Land Ägypten,
aus dem Sklavenhaus.
7 Du sollst keine anderen Götter *1. Wort*
neben mir haben.

8 Du sollst dir kein Gottesbild,
irgendeine Darstellung
von etwas am Himmel droben
und etwas auf der Erde unten
und etwas im Wasser unterhalb
der Erde machen.
9 Du sollst dich nicht vor ihnen niederwerfen,
und du sollst ihnen nicht dienen,
denn ich bin Jahwe, dein Gott,
ein eifersüchtiger Gott,
heimsuchend die Schuld der Väter
an den Söhnen,
und an der dritten
und an der vierten Generation
bei denen, die mich hassen,
10 aber Gunst erweisend Tausenden,
die mich lieben und *seine* Gebote bewahren.

Exodus 20,2 – 17

2 Ich bin Jahwe, dein Gott,
der ich dich herausgeführt habe
aus dem Land Ägypten,
aus dem Sklavenhaus.
3 Du sollst keine anderen Götter *1. Wort*
neben mir haben.

4 Du sollst dir kein Gottesbild *2. Wort*
und irgendeine Darstellung
von etwas am Himmel droben
und etwas auf der Erde unten
und etwas im Wasser unterhalb
der Erde machen.
5 Du sollst dich nicht vor ihnen niederwerfen,
und du sollst ihnen nicht dienen,
denn ich bin Jahwe, dein Gott,
ein eifersüchtiger Gott,
heimsuchend die Schuld der Väter
an den Söhnen,
und an der dritten Generation
und an der vierten Generation
bei denen, die mich hassen,
6 aber Gunst erweisend Tausenden,
die mich lieben und *meine* Gebote bewahren.

11 Du sollst den Namen Jahwes, *2. Wort*
deines Gottes,
nicht zum Trug aussprechen,
denn Jahwe spricht den nicht frei,
der seinen Namen zum Trug ausspricht.

12 *Bewahre* den Sabbattag, *3. Wort*
um ihn zu heiligen,
wie dir geboten hat Jahwe, dein Gott.
13 Sechs Tage sollst du arbeiten
und all deine Arbeit tun.
14 Der siebte Tag aber ist Sabbat für Jahwe,
deinen Gott.
Du sollst keine Arbeit tun,
du und dein Sohn und deine Tochter,
und dein Sklave und deine Sklavin
und dein Rind und dein Esel
und dein *ganzes* Vieh
und der Fremde innerhalb
deiner Stadttore,
damit sich ausruhe dein Sklave
und deine Sklavin wie du.
15 *Gedenke, dass du Sklave warst*
im Lande Ägypten,
und dass dich Jahwe, dein Gott,
von dort herausgeführt hat
mit starker Hand
und mit ausgestrecktem Arm.
Deshalb hat Jahwe, dein Gott,
dir geboten, den Sabbattag zu halten.

7 Du sollst den Namen Jahwes, *3. Wort*
deines Gottes,
nicht zum Trug aussprechen,
denn Jahwe spricht den nicht frei,
der seinen Namen zum Trug ausspricht.

8 *Gedenke* des Sabbats, *4. Wort*
um ihn zu heiligen.

9 Sechs Tage sollst du arbeiten
und all deine Arbeit tun.
10 Der siebte Tag aber ist Sabbat für Jahwe,
deinen Gott.
Du sollst keine Arbeit tun,
du und dein Sohn und deine Tochter,
dein Sklave und deine Sklavin

und dein Vieh
und der Fremde innerhalb
deiner Stadttore,

11 *denn in sechs Tagen hat Jahwe*
den Himmel und die Erde,
das Meer und alles, was darin ist, gemacht.
Aber er ruhte am siebten Tag.
Deshalb hat Jahwe den Sabbattag gesegnet
und ihn geheiligt.

16 Ehre deinen Vater und deine Mutter, *4. Wort*
wie dir geboten hat Jahwe, dein Gott,
damit lang sein werden deine Tage
und damit es dir gut gehen wird
auf dem Erdboden,
den Jahwe, dein Gott, dir gibt.

17 Du sollst nicht morden. *5. Wort*

18 Und du sollst nicht ehebrechen. *6. Wort*

19 Und du sollst nicht stehlen. *7. Wort*

20 Und du sollst nicht aussagen *8. Wort*
gegen deinen Nächsten
als Zeuge *des Truges.*

21 Und du sollst nicht *begehren* *9. Wort*
die Frau deines Nächsten,
Und du sollst nicht *verlangen* *10. Wort*
das Haus deines Nächsten,
sein Feld
und seinen Sklaven und seine Sklavin,
sein Rind und seinen Esel
und alles, was deinem Nächsten gehört.

12 Ehre deinen Vater und deine Mutter, *5. Wort*

damit lang sein werden deine Tage

auf dem Erdboden,
den Jahwe, dein Gott, dir gibt.

13 Du sollst nicht morden. *6. Wort*

14 Du sollst nicht ehebrechen. *7. Wort*

15 Du sollst nicht stehlen. *8. Wort*

16 Du sollst nicht aussagen *9. Wort*
gegen deinen Nächsten
als Zeuge der Lüge.

17 Du sollst nicht *begehren* *10. Wort*
das Haus deines Nächsten.
Du sollst nicht *begehren*
die Frau deines Nächsten

und seinen Sklaven und seine Sklavin
und sein Rind und seinen Esel
und alles, was deinem Nächsten gehört.

Anmerkungen

1 MI, Epp. XII, 680, n. 5
2 Jan Milic Lochman, Wegweisung und Freiheit, Betulius Verlag, Stuttgart 1995, S. 8
3 Kath. Bibelwerk e. V. (Hrsg.), Die Zehn Gebote, Welt und Umwelt der Bibel (WUB), Heft 17, 3/2000, S. 29
4 ders. WUB 17, S. 9
5 Lochman, op. cit. S. 25
6 ders. S. 155
7 Ina Willi-Plein, Das Buch vom Auszug, 2. Buch Mose (Exodus), Neukirchen-Verlag, Neukirchen-Vluyn 1988, S. 140
8 Erich Zenger, Das Buch Exodus, Geistliche Schriftlesung Bd. 7, Patmos-Verlag, Düsseldorf 3/1987, S. 206
9 Kath. Bibelwerk e. V. (Hrsg.), Zehn Gebote, Lese- und Arbeitsbuch zur Bibel, Stuttgart 2001, S. 57
10 Lochman, op. cit. S. 67
11 zitiert nach Lochmann, op. cit. S. 58
12 Peter Köster, Beten lernen, Konkrete Anleitungen, Praktische Übungen, Spirituelle Impulse, St. Benno-Verlag 2003, S. 31
13 Thomas Schäfer, Was die Seele krank macht und was sie heilt, Die psycho-therapeutische Arbeit Bert Hellingers, Knaur, Reihe Mens Sana, München 2000, S. 80
14 ders. S. 83

15 Lochman, op. cit. S. 73
16 ders. S. 76
17 Zenger, S. 209
18 Lochman, op. cit. S. 93
19 ders. S. 102
20 ders. S. 102
21 zitiert nach Lochman, op. cit. S. 113
22 Dietrich Bonhoeffer, Ethik
© by Gütersloher Verlagshaus, Gütersloh, in der Verlagsgruppe Random House GmbH, München
23 Lochman, op. cit. S. 114
24 ders. S. 125
25 Kath. Bibelwerk e. V. (Hrsg.), Zehn Gebote, Lese- und Arbeitsbuch zur Bibel, S. 121 / 12

Literatur

Frère John von Taizé, Weg zur Freiheit, Die zehn Gebote neu gelesen, Verlag Neue Stadt, München, Zürich, Wien 2005

Jan Milic Lochmann, Wegweisung der Freiheit, Betulius Verlag, Stuttgart 1995

Kath. Bibelwerk e. V. (Hrsg.), Zehn Gebote, Lese- und Arbeitsbuch zur Bibel, Verlag Kath. Bibelwerk Stuttgart 2001

ders. Die Zehn Gebote, Bibel heute, 22. Jahrgang, 2/1986,

ders. Die Zehn Gebote, Welt und Umwelt der Bibel, Heft 17, 3/2000

Peter Köster, Urgestalten und Ursymbole des Glaubens, Die Väter- und Müttergeschichten aus dem Buch Genesis und die Erzählungen der Exodustradition Israels, EOS-Verlag, St. Ottilien 2004

ders. Lebensorientierung am Markusevangelium, EOS-Verlag, St. Ottilien 1999

ders. Das Lukasevangelium, Orientierung am Weg Jesu, EOS-Verlag St. Ottilien 2004

Ina Willi-Plein, Das Buch vom Auszug, 2. Mose (Exodus), Neukirchen Verlag, Neukirchen-Vluyn 1988

Thomas Schäfer, Was die Seele krank macht und was sie heilt, Die psychotherapeutische Arbeit Bert Hellingers, Knaur MensSana, München 2000

Erich Zenger, Das Buch Exodus, Geistliche Schriftlesung Bd 7, Patmos-Verlag, Düsseldorf 3/1987

Peter Köster

Geboren 1936, ist Jesuit. Er studierte Philologie, Philosophie und Theologie, war Studentenseelsorger in Münster und München und am Fortbildungsinstitut der Orden (IMS) für den deutschsprachigen Raum, verantwortlich für den theologisch-spirituellen Fachbereich. Von 1981 bis 1997 war er Direktor des IMS. Nach wie vor ist er als Kursbegleiter mit vielen Menschen unterwegs. Zahlreiche Veröffentlichungen.
Schwerpunkte seiner Arbeit sind die biblischen und anthropologischen Grundlagen des geistlichen Lebens.

Mehr über den Autor erfahren Sie im Internet:
www.peterkoestersj.de

Vom gleichen Autor lieferbar:

glauben und leben

Das Apostolische Glaubensbekenntnis
mit Erläuterungen für Glaubende und Suchende,
mit vier farbigen Aquarellen von Andreas Felger.
96 Seiten · Gebunden in Halbleinen ·
Format 12,1 x 20,1 cm ·
ISBN 978-3-87630-061-0

Die Zehn Gebote

Aquarelle von Eberhard Münch

Ich bin der Herr, dein Gott,
der dich herausgeführt hat
aus dem Land Ägypten,
aus dem Sklavenhaus.

Das erste Gebot

Du sollst keine anderen Götter haben neben mir.

Das zweite Gebot

Du sollst den Namen des Herrn,
deines Gottes, nicht mißbrauchen.

Das dritte Gebot

Bewahre den Sabbat, um ihn zu heiligen.

Das vierte Gebot

Ehre deinen Vater und deine Mutter.

Das fünfte Gebot

Du sollst nicht töten.

Das sechste Gebot

Du sollst nicht ehebrechen.

Das siebte Gebot

Du sollst nicht stehlen.

Das achte Gebot

Du sollst nicht falsch aussagen
gegen deinen Nächsten.

Das neunte Gebot

Du sollst nicht begehren das Haus deines Nächsten.

Das zehnte Gebot

Du sollst nicht begehren
die Frau deines Nächsten,
noch seine Sklaven, seine Sklavin, sein Vieh,
und alles, was deinem Nächsten gehört.

Bei der Zählung der Gebote gibt es im Judentum und in den christlichen Kirchen unterschiedliche Traditionen. Die hier wiedergegebene Fassung folgt der lutherischen und römisch-katholischen Tradition. Eine andere Zählung ergibt sich dort, wo das Bilderverbot – „Du sollst dir kein Bildnis machen“ – gesondert als zweites Gebot geführt wird.

Eberhard Münch

Geboren 1959. Studium der Wandmalerei an der Akademie der bildenden Künste in Nürnberg. Seit zwanzig Jahren selbständig als freischaffender Künstler, Aufträge im In- und Ausland, zahlreiche eigene Ausstellungen und Ausstellungsbeteiligungen. Gestaltung von mehr als 90 Kirchen und Kapellen – lebt seinen Glauben in seinen Bildern.

Mehr über den Künstler erfahren Sie im Internet:
www.atelier-muench.de

Freiheit und Weisung

Text
Peter Köster SJ, Frankfurt

Abbildungen
Eberhard Münch, Wiesbaden

Lektorat
Tanja Jeschke, Stuttgart

Gestaltung und Herstellung
Sabine Walter und Stefan Wiesner, Gnadenthal

Imprimii potest. – München, 12. November 2006
Stefan Dartmann SJ, Praep. Prov. Germ.

Gnadenthal · 65597 Hünfelden
www.praesenz-verlag.de
ISBN 978-3-87630-063-4